Auerbach Verlag

Über die Autorin

Nina Bauer beschäftigt sich seit 30 Jahren mit Spiritualität und geistigem Wachstum. Sie lebt in einem Vorort von München, arbeitet seit vielen Jahren als Lebenscoach, Sterbeamme und Autorin und begleitet dabei Menschen durch die verschiedensten Prozesse. Auf ihrem innerseelischen Weg wandelte sie sich von einer spirituellen Sucherin zu einem des-illusionierten Seelenpunker. Seither gib sie Seminare, Einzelcoachings und schreibt inspirierende Texte für Magazine und auf ihrem Seelenpunker-Blog/ Podcast.

www.seelenpunker.de
www.seelenpunker.de/blog/
www.seelenpunker.de/podcast/
www.seelenpunker.de/termine/
www.instagram.com/seelenpunker/

Nina Bauer

SEELENPUNKER
ERWACHTES BEWUSSTSEIN

WENN NICHTS MEHR ERREICHT WERDEN MUSS

AUERBACH VERLAG
LEIPZIG

Erwachtes Bewusstsein

Sollte diese Publikation Links auf Webseiten Dritter enthalten,
so übernehmen wir für deren Inhalt keine Haftung,
da wir uns diese nicht zu eigen machen, sondern lediglich auf
deren Stand zum Zeitpunkt der Erstveröffentlichung verweisen.

Deutsche Erstausgabe 11/2022

Copyright © 2022 by Nina Bauer
Copyright © 2022 der deutschsprachigen Ausgabe
by Auerbach Verlag, Leipzig,
Oststraße 40 – 44, 04317 Leipzig

Alle Rechte vorbehalten.
Umschlagsgestaltung und -motiv: Annemarie Belabbas, unter Verwendung von
soupstock/stock.adobe.com
Foto Autorin: Catharina Wermann (Instagram: theAIRstudios.)
Satz: Kim Trank
Lektorat: Thomas Schmelzer (www.thomasschmelzer.de)

Druck und Bindung: Multiprint, Kostinbrod (Bulgarien)
ISBN 978-3-948537-14-2

www.auerbach-verlag.de

Für Annika, Luis und Markus.
Danke für eure Liebe!

What you seek,
is seeking you.
(Rumi)

Inhaltsverzeichnis

Es gibt ein Land jenseits von richtig und falsch – dort treffen wir uns.
(Rumi)

Einleitung

Wann ist eigentlich der richtige Zeitpunkt, um ein Buch zu schreiben? Ich weiß es nicht. Vermutlich jetzt ;-). Schon länger formt sich in mir diese Absicht, doch dann kam mir hie und da mein Verstand in die Quere, der mir davon abriet, weil es doch schon so unzählige spirituelle Bücher gibt. Und was möchte sich durch mich schon ausdrücken, was wurde noch nicht gesagt? Ja, es gibt mittlerweile so viele Lebensratgeber wie Sand am Meer. Doch ich möchte keinen Lebensratgeber schreiben, sondern darüber, wie sich mir das Leben nach fast 30 Jahren Suche offenbart hat.

Ich sage dir ganz ehrlich und gleich zu Beginn: Du wirst von mir keine Ratschläge und keine Methoden bekommen! Ich zeige dir nur das Leben auf, wie ich es sehen darf und du kannst dir davon nehmen, was du möchtest oder es einfach stehen lassen. In meinen Seminaren sage ich immer: »Seht das, was ich sage, wie ein reichhaltiges Buffet und entscheidet selbst, was euch zu diesem Zeitpunkt möglich ist zu nehmen und was nicht. Alles andere lasst einfach stehen. Es kann sein, dass es erst später dran ist und ihr erst dann auf den richtigen Geschmack kommt!« :)

Das Gute an einem Buch ist ja, dass man es immer wieder lesen kann und vielleicht geht dein Interesse jedes Mal woanders hin. Auch ich habe mir Bücher gekauft, die ich erst Jahre später richtig verstand, nachdem ich sie nochmals gelesen habe. Das war vorher einfach nicht möglich, weil die Zeit oder ich dafür noch nicht reif war.

Dieses Buch ist ein Schatz für alle, die das Leben im Ganzen verstehen und sehen wollen. Für Menschen, die eine tiefe Sehnsucht vorantreibt, eine Suche, die man nicht richtig in Worte fassen kann.

Etwas möchte Heimkommen oder sagen wir Wachwerden, sich erinnern. Worte können das nicht wirklich beschreiben, nur darauf hinweisen.

Fakt ist, dass wir oft vergessen haben, warum wir hier sind und genau DAS treibt dich voran. Deshalb gibt es so viele »Lebensratgeber«, weil man glaubt, etwas verloren zu haben, von den man nicht genau weiß, was es eigentlich ist. Man vermutet, nicht richtig zu sein, wie man ist und sucht Therapeuten auf oder lernt Methoden, um sich zu verändern und verbessern, um endlich JEMAND zu sein. Ein Jemand, der in Ordnung und glücklich ist, sich selbst liebt und der das Leben versteht. Ich habe mein halbes Leben damit verbracht, diesen Jemand zu finden, um letztendlich festzustellen, dass da NIEMAND ist, der irgendetwas werden kann – außer das SEIN selbst.

Hätte man mir, als ich vor 30 Jahren begann, intensiv zu suchen, diesen Inhalt in einem Buch oder in der Schule vermittelt – es wäre ein Leichtes für mich gewesen, diesen Weg zu gehen, da er für mich aus heutiger Sicht die (Auf)Lösung für viele Probleme und Leiden bedeutet.

Das Leben hätte mir natürlich trotzdem Herausforderungen geschickt, doch sie wären nur erschienen wie aufbrausende Wellen und irgendwann wieder in sich zusammengefallen. Dazwischen hätte ich das getan, was das Leben von mir verlangt.

Jedes einzelne Detail war trotzdem wichtig, auch wenn es mich viel Kraft gekostet hat. Alles sollte gelebt und gefühlt werden! Sonst könnte ich heute nicht dieses Buch füllen, das für den ein oder anderen einiges bewirken könnte.

Mein Leben jetzt findet genauso statt wie gerade angedeutet und wie ich später vertiefen werde. Die Dinge kommen, nehmen ihren Lauf und ich bin Zeuge davon – nehme wahr, WAS IST. Wenn es etwas zu entscheiden oder zu handeln gibt, wird es getan – oder auch nicht. Ein Leben in Einfachheit, völlig gewöhnlich und genau deshalb in totaler Befreiung, die ich dir hiermit anbiete und mit dir teile. Aber sei geduldig mit dir, wenn du nicht alles sofort so sehen und leben kannst. Bedenke, dass jeder sein eigenes Tempo hat und seinen eigenen Weg der Offenbarung geht...

Man muss bereit sein, sich von dem Leben zu lösen, das man geplant hat.
Damit man das Leben findet, das auf einen wartet.
(Rainer Maria Rilke)

Kapitel 1

Was ist ein Seelenpunker?

Ein Seelenpunker ist keine Person, die irgendetwas tut. Es ist eher eine Haltung, wie du durchs Leben gehen kannst. Wie es bei mir dazu kam, hat mit dieser Geschichte zu tun:

Seitdem ich mich zurückerinnern kann, lebt ein Freigeist in mir, der vieles anders sieht und gerne hinterfragt. Ich komme aus einer sehr katholischen Familie, in der die Kirche bis heute einen hohen Stellenwert hat. Ich habe so ziemlich alles mitgemacht, was von mir verlangt wurde: Taufe, Kommunion, Firmung, ja, sogar die kirchliche Trauung. Doch alles schon immer ein bisschen anders....

Als ich mit neun Jahren auf die Kommunion vorbereitet wurde, hatten wir in der Grundschule einen Pfarrer als Religionslehrer, der unglaublich nuschelte, so dass man ihn kaum verstand. Da mich nun das Thema »Religion« sehr interessierte und ich ihn aufgrund des Nuschelns nur hin und wieder verstand, fragte ich einfach vieles nach. Der Lehrer machte mir allerdings schnell klar, dass so ein Nachfragen oder gar Hinterfragen nicht gerne gesehen war. So kam es vor, dass mich der »nette« Herr Pfarrer im Religionsunterricht lauthals anschrie. Denn es gehe hier schließlich ums Zuhören! Er war teilweise so aufgebracht, dass er sich am Pult festhielt, um nicht noch ausfallender zu werden. Den genauen Wortlaut habe ich nie ganz verstanden, weil er ab einer gewissen Lautstärke noch schlechter zu verstehen war – inhaltlich wie akustisch.

Überhaupt machte ich den ganzen Kommunionszirkus nur mit, weil mir das Kleid so super gefiel und es ja auch noch allerhand Geschenke geben sollte. Später, als die Firmung ins Haus stand, wusste ich gar nicht, dass ich ein Recht darauf gehabt hätte, Nein zu sagen. Ich sagte mir: »Gut Nina, das ist wohl jetzt dran. Schließlich haben das alle Familienmitglieder vor dir ja auch schon gemacht!« So kam ich in eine Gruppe mit einigen Firmlingen, geleitet von einer Firm-Helferin. Sie hieß Frau Vogel, war mit ihren geschätzten 45 Jahren sicherlich noch Jungfrau und widmete ihr Leben ganz der Hingabe an Jesus. So weit, dachte ich, so gut, kann ja jeder machen, wie er will, aber für mich wäre das nichts. Vieles sah Frau Vogel denn auch ganz anders als ich. Auch sie ließ sich auf keinerlei Fragen ein, schon gar nicht auf eine Diskussion. Was sie, also eigentlich die Kirche, sagte, sei Gesetz. Punkt.

Es dauerte nicht lange und ich flog aus dem Firmunterricht mit den Worten: »Bei dir, Nina, ist eh alles verloren! Der Heilige Geist wird neben dich fallen, dafür werde ich sorgen!« Wow, die hat echt gute Beziehungen, dachte ich mir. Dummerweise war meine Mutter zu diesem Zeitpunkt die Sekretärin des Pfarrers. So bekam ich zu Hause heftigen Anschiss, weil ich mich nicht ruhig verhalten, sondern eine andere Meinung hatte und diese auch noch kundtun musste!? Heute würde man wahrscheinlich von einem lebendigen Unterricht sprechen und sich freuen über solch rege Anteilnahme.

Schließlich wurde eine Sitzung einberufen. Da saß ich nun, mit dem nuscheligen Pfarrer, Frau Vogel, einem netten Pastoralassistenten (mit dem ich später um die Häuser ziehen sollte) und meiner Mutter, die sich für mich so sehr schämte. Man redete auf mich ein, dass es wohl gut wäre, mich bei Frau Vogel für mein Verhalten zu entschuldigen. Meiner Mutter zuliebe tat ich dies, teilte der Runde aber gleichzeitig mit, dass ich meine Meinung trotzdem behalten werde und im Übrigen längst meine eigenen Kontakte zum Heiligen Geist pflege. Darüber konnte immerhin der Pastoralassistent lachen...

Das Lustige an der Sache ist, dass ich seit meiner Kindheit tatsächlich eine enge Verbindung zur geistigen Welt habe und meine vielen Fragen über das Leben immer liebevoll von Engeln und Geistführern beantwortet wurden. Diese Antworten kamen stets klar – ohne Nuscheln und mit viel Geduld. Antworten, die mir die Kirche nie geben konnte.

Deshalb stellte ich das System ja so in Frage, weil ich immer das Gefühl hatte, alle reden nur nach, was irgendeiner vor ihnen mal gesagt hatte. Ich fühlte die Wahrheit in ihren Worten nicht. Es waren nur Schriften, die vorgelesen, ja, runtergelesen wurden. Damit konnte ich nichts anfangen, da mir diese Texte einfach zu trocken waren.

Die Hilfe der geistigen Welt war viel lebendiger und mir näher. Wenn es mir beispielsweise nicht gut ging, erschienen mir manchmal Helfer-Engel in menschlicher Gestalt. Sie tauchten aus dem Nichts auf, beruhigten mich mit einer Botschaft und verschwanden wieder.

So fuhr ich einmal völlig verzweifelt und frustriert von der Schule mit dem Fahrrad nach Hause, weil ich wieder mal eine schlechte Note verpasst bekam und meine Versetzung in die nächste Klassenstufe gefährdet war, als sich mir eine ältere Frau in den Weg stellte. Ich dachte, sie wolle mich nach dem Weg fragen, doch sie schaute mir nur tief in die Augen und meinte: »Mach dir keine Sorgen, Liebes! Es ist nicht wichtig wie du durch die Schule gehst. Du wirst es im Leben immer schaffen durch deine wunderschöne Art und nur auf die kommt es an. Was Andere auch in dir sehen – das bist du nicht! Suche hier drinnen« – und zeigte dabei auf mein Herz. Dann ging sie weiter und ich sah sie nie wieder.

Etwas Ähnliches passierte vor Kurzem auf einer Reise durch Australien. Ich fuhr mit meiner Familie durchs Outback, auf der Suche nach einer Farm, um dort zu übernachten. Es wurde schnell dunkel, als wir merkten, dass wir uns verfahren hatten. Mitten im finsteren Nirgendwo tauchte nun auch noch eine Horde großer Kängurus neben unserem Auto auf – sonst weit und breit nichts, nur Dunkelheit. Ich versuchte ruhig zu bleiben, um meine Familie nicht zu verunsichern, doch auch mir war etwas mulmig, weil sich langsam der Gedanke einschlich, im Auto mitten in der Wildnis übernachten zu müssen. Doch dann überkam mich ein Gefühl, dass wir von irgendwoher Hilfe bekommen werden.

Kurz darauf tauchten Lichter eines Autos auf. Ich sagte intuitiv: »Hier kommt jemand, der uns helfen wird!« Als wären wir verabredet, hielt das Auto direkt neben uns und eine bezaubernde Country Lady in Latzhose und Hut stieg aus. Sie klopfte an die Scheibe und sagte auf Englisch: »Ihr habt euch verfahren, stimmt's? Ihr müsst hier lang zu eurer Farm – sie ist ganz in der Nähe!« und zeigte uns die Richtung. Ihr Gesicht war ein einziges Strahlen. So schnell wie sie auftauchte, verschwand sie wieder, im Nirgendwo!

Weder die ältere Frau konnte wissen, dass ich Schulstress hatte, noch die Country Lady, dass wir genau zu dieser Farm wollten. Nur der Himmel wusste es.

In dieser mystischen Welt fühlte ich mich schon als Kind zu Hause und mein Gefühl sagte mir stets, dass wir als Mensch eine Art Ausflug auf Erden machen, auf dem wir geführt werden.

Meine gesamte Schulzeit bin ich nur wegen meinen Mitschülern in die Schule gegangen. Das war wirklich der einzige Grund, denn auch in dieses System passte ich nicht. Die Lehrer sahen mich nur anhand der Noten, die leider, vor allem in den Hauptfächern, nicht wirklich gut waren. Ich verstehe bis heute nicht, warum Nebenfächer weniger zählen?! Warum werden die einzelnen Persönlichkeiten und Talente nicht in den Vordergrund gebracht und individuell mit ihnen gearbeitet? Warum werden immer noch so viele unterschiedliche Kinder in ein und dasselbe System gepresst? Zumindest ist das nach wie vor auf den Regelschulen so.

Dieses Schulsystem ist total veraltet und passt null mehr in die heutige Zeit. Nicht Quer/Freidenker oder »Unangepasste« sind gerne gesehen, sondern kleine, menschliche Maschinen, die nur funktionieren müssen. Anderssein, einer bestimmten Norm nicht entsprechen, ist nicht willkommen. Solche besonderen Kinder werden stattdessen oft in ADHS Schubladen gesteckt. Doch auch diese alte Fassade bröckelt und wird eines Tages fallen, weil viele Kinder darunter leiden, nicht gesehen zu werden, wie sie sind und weil sie kaum etwas lernen, das ihnen wirklich im Leben weiterhilft!

Ich litt beinahe meine ganze Schulzeit. Immer dachte ich, mit mir stimme etwas nicht. Erst als Erwachsene erkannte ich, dass es eigentlich andersherum war: Nicht *ich* war verkehrt – das System war es!

In der Schule, in der Kirchenbank – immer wieder fragte ich mich, ob das nun wirklich das Leben sein sollte? Nachdem ich Dinge um mich herum wahrnahm, die anderen verborgen blieben und mit Verstorbenen und Engeln sprach, fühlte sich nie ganz richtig an, was man mir in der »realen Welt« erzählte. Gab ich ein wenig von »meiner Welt« Preis, machte man mir schnell klar, dass man es für Spinnerei hielt oder man hörte mir gar nicht richtig zu.

In meiner Jugend versuchte ich mich anzupassen, nur um »normal« zu sein. Doch wenn ich erkannte, dass mein Gegenüber nicht die Wahrheit sagte und sich nicht zeigte und ich dies kundtat, kam es zu zwischenmenschlichen Problemen.

Es war eine schwierige Zeit. Erst als ich zu meiner Berufung fand, war es mir möglich, diese Seite zu leben. Nun hatte ich die Erlaubnis, alles zu sagen – und die Menschen sind sogar froh, die Wahrheit zu hören und sich ganz zeigen zu dürfen. Alle Masken dürfen hier endlich fallen!
Doch bis dahin war es noch ein langer Weg, denn erst einmal ging es um meine eigene Selbsterforschung.

Mit Ende 20 heiratete ich im tiefsten Oberbayern in einer Dorfkirche. Ich wollte unbedingt etwas Erfrischendes für unsere Hochzeit und entschied mich für einen lustigen, dunkelhäutigen Pfarrer aus Nigeria, weil mir dieser viel besser gefiel als der strenge, unlustige Dorfpfarrer. Wenn schon im katholischen Bayern, dann wenigstens mit einem afrikanischen Segen, dachte ich mir. Was der Dorfpfarrei nicht wirklich gefiel.

Ein kleiner Rebell steckte wohl schon immer in mir. Dinge hinterfragen und bei Bedarf anders machen – deshalb der Punker, der sich auch mal gegens System stellt, weil er nicht alles glaubt, auch wenn es alle anderen tun.

Irgendwann auf meinem Selbstfindungsweg habe ich alle alten Glaubensmuster und Konditionierungen hinter mir gelassen. Auch sämtliche Rollen, die ich zu sein dachte.

Da blieb nicht viel übrig.
Eigentlich nichts.

Doch dieses Nichts war für mich plötzlich Alles – und das war die Geburt des Seelenpunkers. Ich wusste, dass ich nichts von dem war, was ich zu sein gedacht hatte. Alles entpuppte sich als Rollen, die ich perfekt gespielt und verkörpert hatte, oder sagen wir besser, die *durch* mich gespielt wurden. Das, was ich wirklich bin, ist die Energie, die dieses Spiel möglich macht.

Die Verbindung zur geistigen Welt, das klare Sehen in die Menschen, in ihre Seele, wenn man das so nennen mag, hat mich auf meinen Weg gebracht, den ich nun schon viele Jahre gehe.

Ich gehöre weder einer bestimmten Glaubensgruppe an, noch lebe ich in einer Spiri-Eso-Ecke. Mein Sehen und wie ich das Leben lebe, ist vollkommen frei. Frei von Systemen, frei von Vorstellungen, wie das Leben sein sollte und frei von Identifikationen. Deshalb sage ich immer, dass der Seelenpunker nur ein Teil dieser Geschichte ist und *wie* dieser Köper-Geist-Organismus durchs Leben geht. Es ist also eher eine Haltung als eine Person, die dahintersteckt. Es ist das, was *durch* diese Person mit dem Namen Nina geschieht und sich ausdrückt: SEELENPUNK!!

Die Geschichte des »Ich« dreht sich immer um etwas, was sein wird und nicht um das, was ist. Es ist die Suche nach einem Schatz im Leben, und man erkennt einfach nicht, dass das Leben selbst der Schatz ist.
(Tony Parsons)

Kapitel 2

Die große Suche

Im Grunde begann meine bewusste Suche als Jugendliche. Eine Weile wollte ich Engel und Geistführer nicht mehr nutzen, weil andere Dinge wichtiger geworden waren. Ihr wisst sicher, was ich meine: Das coole Leben. Partys, Jungs, Trinken, Rauchen, Sich Ausprobieren, Sich immer wieder Verlieben und immer wieder enttäuscht werden. So war meine Jugend und wie alle Lebensphasen lebte ich auch diese richtig aus. Ich fühlte extreme Höhen des Verliebtseins und verzweifelte am Schmerz, wenn ich verlassen wurde. Alkohol und Drogen verstärkten dies. Genau in dieser Zeit der wechselnden Extrema begann die Suche nach meinem Selbst. Die helfenden Wesen, die mir stets treu zur Seite standen, wussten wohl, wie wichtig dieser Prozess für mich war und ließen mich ziehen auf meiner Suche nach Freiheit.

Diese Jahre waren wichtig auf meinem Weg – doch ich kürze hier radikal ab, denn ich will Euch gleich mit dem Ergebnis konfrontieren, was ja auch der Anlass für dieses Buch war! Das, was ich viele Jahre später fand, war der Ausgangspunkt, von dem ich gestartet war: Es gab überhaupt nichts zu finden! **So viele Jahre widmete ich mich der Selbstfindung, um eines Tages festzustellen, dass es NICHTS zu finden gab und DAS war gleichzeitig ALLES und die Befreiung aus einem ewig laufenden Hamsterrad.**

Dieses Sehen, diese Durchschau, wie ich es auch gerne nenne, hat mich nie mehr verlassen. Es fühlte sich an, als wäre etwas, dass die ganze Zeit im Hintergrund weilte, nun in den Vordergrund getreten und das, was ich glaubte viele Jahre zu sein, verschwand immer mehr im Hintergrund. Dieses »Etwas« kann man auch als »getrennt Sein« bezeichnen. Denn zuvor fühlte ich mich als eigenständiges, getrenntes Wesen. Durch die Durchschau aber wurde erkannt, dass nichts von mir je getrennt war, sondern alles miteinander verwoben ist.

Und genau davon handelt dieses Buch.

Wer sind wir also wirklich? Das ist die einzige und alleinige Frage, die wirklich wichtig ist im Leben. Wenn du diese für dich beantwortet hast, fallen alle anderen Fragen weg. Sie sind damit beantwortet!

*

Wenn du in die Augen eines Babys schaust, siehst du dort kein Selbst – nur Leere. Da ist niemand. Man könnte es auch reines Gewahrsein nennen, oder pures Sein. Alles Worte, die DAS nicht beschreiben können. DAS ist, was wir sind. Wir sind dieses Sein.

Je mehr wir heranwachsen, umso mehr identifizieren wir uns mit dem Körper. Wenn wir »Ich« sagen, glauben wir, der Körper-Geist-Organismus zu sein. Und immer mehr vertrauen und glauben wir dem Verstand. Was er den ganzen Tag über uns und andere erzählt, scheint zu stimmen, denn wir hinterfragen es kaum. Wir glauben jedes Wort und verhalten uns dementsprechend. Ab diesem Zeitpunkt, der Ich-Identifikation, vergessen wir, wer wir sind. Eine Art Schleier wird über das System gelegt und vernebelt unsere Sicht.

Das Ver-rückte ist, das mit dem Vergessen des eigentlichen Selbstes gleichzeitig die Suche danach beginnt!

Ist das nicht irre?? Wir vergessen wer wir sind, um uns wiederzufinden? Ich weiß, es klingt komisch, aber so ist es. Noch richtiger ist dieser Satz: Bewusstsein spielt Vergessen, um sich wiederzufinden. Bewusstsein? Ja, Bewusstsein! Ich kann auch andere Wörter dafür verwenden: Gewahrsein, Quelle, Gott, All-Liebe, Schöpfer, Buddha, Krishna, Tao – eigentlich egal, wie du das nennen magst (gerade »Gott« ist verwirrend, weil man diesen hauptsächlich mit der

Kirche in Verbindung bringt). Ich bezeichne es gerne als eine »Höhere Intelligenz« oder Quelle, All-Liebe, Bewusstsein.

Als Kind sah ich Gott als alten Mann, mit weißem Gewand und langem Bart, so wie Gandalf aus »Herr der Ringe«. Aber vielleicht ist Gott ja auch eine Frau? Eine Göttin?

Und wenn bitteschön Göttin, dann bin ICH das. Nein, ich bin nicht größenwahnsinnig geworden, denn du bist auch Gott/Göttin. Genauso wie dein Hund oder deine Katze.

Gott ist keine Person, sondern eine Energie, die allem zu Grunde liegt. Eine Energie, die Gras, Bäume, Blumen und Tiere wachsen lässt. Die gleiche Energie, die uns Menschen belebt! Ja, ich schreibe das bewusst so – wir werden belebt. Mit dem kleinen, aber entscheidenden Unterschied, dass uns Menschen ein Verstand (Ego) mit eingebaut wurde. Das ist aber kein Versehen. Er ist dazu da, damit Dinge hier auf der Erde geschehen können. Ohne Verstand wären wir aufgeschmissen im täglichen Tun. Wenn wir ihn richtig nutzen, ist er ein guter Diener. Damit meine ich: Wir sollten uns nicht mit ihm gleichsetzen oder uns von ihm (ver-)führen lassen. **Sobald wir uns mit ihm identifizieren und alles glauben, was er von sich gibt, verlieren wir uns in ihm. Das ist das menschliche Dilemma!**

Wenn wir Tiere beobachten, Babys oder Kleinkinder, sehen wir keine Identifikation. Da ist nur Leben. Alles geschieht einfach – spontan, immer, im Jetzt. Kein Nachdenken darüber, dass es anders sein sollte als es ist. Im Kleinkind kann zwar bereits Wut auftauchen, wenn ein anderes Kind ihm die Schaufel wegnimmt, aber dann findet eben diese Wut in diesem Moment statt. Das Kind wird es kundtun und entsprechend seiner Programmierung/Charaktereigenschaft reagieren. Es heult, läuft zu den Eltern, um sich zu beschweren oder es wird sich direkt wehren, um sich die Schaufel wiederzuholen.

Neulich auf einem Markt beobachtete ich einen zweijährigen kleinen Jungen, der voller Eifer hinter einer Taube herlief. Ich saß mit einem Kaffee auf einer Kiste und schaute ihm genüsslich zu.

Sein ganzer Kosmos drehte sich in diesem Moment darum, seinem neuen Freund, der Taube, hinterher zu rennen. Als er sich immer mehr der Straße näherte, schalteten sich die Eltern ein und holten ihn zurück, nahmen ihn auf den Arm, um ihn vor der viel befahrenen Straße zu schützen. Das gefiel ihm gar nicht! Ganz traurig zogen sich seine Mundwinkel nach unten. Als die Mutter ihn absetzte, lief er über einen Schacht, aus dem Luft aufstieg und seine Haare flogen hoch. Aller Schmerz und jegliches Denken an die Taube waren plötzlich vergessen und gelöscht. Nun war er auf den Wind aus dem Schacht fixiert. Er tat so, als könnte er fliegen. Seine Mundwinkel richteten sich wieder nach oben, er strahlte über das ganze Gesicht und tauchte in sein neu gefundenes Spiel ein.

Ich musste schmunzeln. Kleine Kinder sind noch nicht mit dem Denken identifiziert und somit auch nicht mit ihrer Geschichte! Sie leben uns vor, wie Leben in Leichtigkeit funktioniert. Denn Leben geschieht tatsächlich einfach so, ohne dich, bzw. ohne ein Ich. Leben ist immer nur das, was gerade passiert, immer spontan und wir reagieren darauf. Wir aber sind überzeugt, selbst zu agieren – doch es geschieht immer von außen etwas, eine Situation, ein Gedanke, ein Impuls und DARAUF reagieren wir.

Das Leben besteht aus einem Szenenwechsel nach dem anderen. Und das ist nicht nur so bei Kindern, sondern bei uns allen – jeden Tag! Wir sind nur so im Denken verhaftet, so dass wir stets über die verschiedenen Lebenssituationen (Szenen) urteilen: »Das hätte nicht so sein dürfen!« oder »Das hätte ich/er/sie anders machen sollen!«. So fallen wir komplett aus dem Jetzt heraus, auch im Benennen der jeweiligen Situation.

Beobachte die Kinder, sie sind wahre Zen-Meister! Sie leben aus dem Moment heraus, ohne jemand sein zu müssen – ohne Maske. Dann siehst Du, dass ein Baby oder Kleinkind noch nichts sucht. Und wenn, dann findet dieses Suchen im Jetzt statt, zum Beispiel nach der Mutterbrust, dem Schnuller oder einem Kuscheltier, dass eben benötigt wird. Da ist nur reines (Gewahr)Sein. Und im Sein ist ALLES bereits enthalten!

Die Person, zu der man heranwächst, trägt eine Maske, die vom Bewusstsein getragen wird. Der Mensch glaubt oft sein ganzes Leben daran, diese Maske zu sein, weil er sich so sehr damit identifiziert. Es gibt Lichtblicke – oder nennen wir sie Momente des Einseins – da fühlen oder sehen wir alles ohne diese Maske. Dann sind wir vollkommen mit unserem wahren Sein verbunden.

Jeder kennt diese Momente. Meist ist es nur ein kurzer Augenblick, doch sobald du versuchst, ihn festzuhalten oder zu benennen, verbindest du dich wieder mit deinem Verstand und der Moment verschwindet. Das war mit unter ein Grund dafür, warum ich viele Jahre stundenlang in Meditation verbrachte. Was ich dort fühlte, war mein wahres Zuhause! So wie ich mich als Kind immer in die geistige Welt der Engel und Geistführer flüchtete, beamte ich mich nun als junge Erwachsene in die Welt meines Unterbewusstseins.

Das Hier und Jetzt war für mich oft kaum zu ertragen. Doch was suchte ich da eigentlich? Na, mich! Und zwar formlos und furchtlos. Ich suchte das, was ich eigentlich war, bzw. was ich verloren zu haben glaubte. Erst viele Jahre später, als ich das ganze durchschauen durfte, sah ich, dass ich niemals etwas verloren hatte. Das, was ich war und bin, war zu jeder Zeit meines Lebens da. Ich konnte es nur nicht sehen, weil ich zu sehr mit der Suche beschäftigt war und mir die Maske – die Person mit dem Namen Nina – im Wege stand.

Wir suchen also immer nur uns selbst. Egal, wo oder was wir suchen. Und diese Suche ist so unterschiedlich wie die Menschen und ihre Geschichten. Sie suchen sich in der Social-Media-Welt, der Modewelt, der Fitness- und Gesundheits-Welt oder beispielsweise in der Mediations- und Yoga-Welt. Egal in welcher Welt du dich bewegst: Immer ist es der Versuch, die beste Version von sich selbst zu finden. Im Wort »Versuch« steckt ja schon das Wörtchen suchen. **Das heißt, eigentlich suchen sie nach ihrer besten Version! Doch jeder ist diese schon – und zwar in jedem Augenblick!**
Das Problem ist, dass dies fast keiner glaubt und wenn, dann nur kurz. Dann aber geht die Suche weiter, weil Verstand/Ego meinen: »Das kann es noch nicht gewesen sein. Da geht noch mehr! Ich muss erst etwas erreichen und mich verändern, um noch besser zu werden. Erst wenn ich erfolgreich bin, mir einen Namen gemacht habe oder erleuchtet bin, dann….!!« Was für ein selbstgemachter Stress!

Egal, welche Identifikation: Alle suchen sich selbst. Meist jedoch in Dingen, die im Außen liegen. Doch was glaubst du, was du bist? **Du bist, was dem ganzen Spektakel zusieht.** *Du bist Bewusstsein, welches Facebook/Instagram-Star, Modetrendsetter, Sport- und Gesundheitsapostel und spiritueller Yogi oder Erleuchteter spielt.*

An alledem ist nichts verkehrt! Jeden bereichert etwas anderes und das darf auch so sein. **Vorsicht ist nur geboten, wenn du dich damit komplett identifizierst!**

Du kannst aber lernen, zu erkennen, wann sich das Ego einschleicht. Dann tust du die Dinge nicht mehr einfach nur, weil sie dir Freude bereiten. Dann bist du nur noch damit beschäftigt, etwas zu erreichen. Das geht oft mit dem Vergleichen einher – und das hat nichts mehr zu tun mit purer Freude am Sein. Dann möchtest du etwas von deinen Mitmenschen. Ein gewisses Ansehen und Anerkennung. Die Folge davon sind Erwartungen, die vom Umfeld nicht erfüllt werden oder nur manchmal. Und schon bist du im selbstkreierten Leid oder wie ich es gerne auch nenne: **MINDFUCK!**

Was du siehst, ist der Verlauf eines Spiels und du bist eine der Spielfiguren. Es ist wirklich leicht zu durchschauen – aber nur, wenn du dich nicht in das Spiel verwickeln lässt. Das Spiel ist die Suche. Die Suche nach dir selbst, weil du vergessen hast, wer du in Wirklichkeit bist. Deshalb hältst du dich an diesen Dingen fest, weil du glaubst es dadurch wiederzugewinnen. Es fühlt sich ja auch eine Zeit lang gut an, aber eben nicht auf Dauer, weil du in der Welt der Er-SCHEINungen nichts festhalten kannst.

Das, was du suchst, ist innerer stabiler Frieden. Und unter allen Objekten und Subjekten bist du das schon! Dieser Frieden tritt dann an die Stelle, an der vorher jemand war, der glaubte, sich um alles kümmern zu müssen. Eine Spielfigur, die überzeugt war, ohne sie würde das Spiel nicht laufen.

Du musst dich aber um gar nichts kümmern, weil du nichts in der Hand hast, nie hattest und nie haben wirst. Und warum? *Weil das Leben sich von selbst spielt.*

Diesen Satz wirst Du noch öfter lesen, weil er so wichtig ist.

Das Leben spielt sich von selbst!

Doch eins nach dem anderen. Ich möchte dich nicht überfordern. Verschonen werde ich dich aber auch nicht, deshalb steige ich gleich von Anfang an tief ein und schreibe dieses Buch für alle, die wirklich wissen und sich dem Leben stellen wollen!

Erinnere dich an die Augen des Babys oder das Verhalten des Kleinkindes. Bevor das Ego Einzug hält, wird getan, was spontan da ist. Ohne Absicht. Da ist nur Leben, das geschieht und daraufhin wird reagiert oder nicht. **Das Leben braucht keine Absicht!**

Die Suche beginnt ganz automatisch mit der Identifikation des Körper-Geist-Organismus und endet mit dem Tod **oder** der Ent-identifikation. Gerne nenne ich dies auch Desillusionierung oder einfach Durchschau. *Es bedeutet zu sterben vor dem Sterben!* Es findet kein persönliches Spiel mehr statt und deshalb keine Suche mehr.

Ich selbst erlebte dies nicht als abruptes Ende, sondern als einen schleichenden Prozess, dem ich mich nicht widersetzen konnte. Es geschah ohne mein Zutun. Es folgte große Erleichterung und ein absolutes, klares Sehen. Es war nicht so, dass ich nicht mehr da war, alles lief weiter wie sonst auch, aber, ohne dem Bedürfnis, mich ins Leben einzumischen. **Ich sah ganz klar, dass dies alles ohne mich geschieht und nicht erst jetzt... schon immer!**

Die Spielfigur, die ich so viele Jahre lang dachte zu sein, die Spielfigur, die sich in der spirituellen Welt zu Hause fühlte und sich dadurch alles immer erklären konnte, wurde plötzlich durchschaut. Es war nicht mal ein Schock, eher ein Aufatmen. Endlich war die anstrengende Suche vorbei. Ich musste niemand mehr sein – keine Spielfigur, keine Rolle, keine Person.

Trotzdem war ich nach wie vor hier und höre bis heute auf den Namen Nina –

doch das spielt kaum mehr eine Rolle. Seit diesem Zeitpunkt sehe ich dem Spiel nur noch zu und spiele trotzdem mit. Das ist das Paradoxe. Du bist Zeuge vom Leben und spielst gleichzeitig mit, allerdings ohne Maske, sprich eine Person zu sein.

Die geistige Welt, mit der ich nach wie vor kommuniziere und mich verbunden fühle, taucht weiter innerhalb der phänomenalen, dualen Welt auf und ist ein Teil davon, aber ihre Bedeutung in diesem Spiel schwindet. Als ich zu *meiner* Durchschau fand, wurden diese Themen unwichtiger, weil erkannt wurde, dass nichts gebraucht wird. Doch für den Körper-Geist-Organismus namens Nina spielen sie weiter eine Rolle im Leben wie auch einige Menschen, die mir viel bedeuten. Sie alle sind Teil des Spiels, wie ich auch.

Es gibt kein größeres Mysterium als dies:
Wir suchen und suchen die Wirklichkeit, obwohl wir doch
in Wirklichkeit die Wirklichkeit sind.
(Ramana Maharshi)

Kapitel 3

Leben innerhalb der Geschichte

Mit diesen vier Wörtern beschreibe ich das ganz normale Leben eines Menschen. Aber was ist das eigentlich – ein normales Leben? Es hat einen Anfang (Geburt) und ein Ende (Tod). Das dazwischen ist unsere Geschichte, die wir erleben und die wir während des Lebens sehr persönlich nehmen. Wir werden in eine Familie hineingeboren, gehen in Kindergarten und Schule, verlieben uns das erste Mal, probieren uns in verschiedenen Rollen aus, studieren oder machen eine Lehre, finden einen Beruf, der uns Spaß macht oder auch nicht. Wir knüpfen Freundschaften, die kommen und gehen, finden Mr./Mrs. Right und heiraten, kriegen Kinder oder auch keine. Wir trennen uns wieder oder werden zusammen alt und sterben irgendwann.

So sieht ein durchschnittlich normales Leben aus. Das kann natürlich auch völlig anders verlaufen und wir werden arbeitslos, verlieren alles Geld und landen als Obdachlose(r) auf der Straße. Oder der Tod ereilt uns bereits als Kind oder junger Erwachsener. Die Geschichten sind so unterschiedlich wie die Menschen. Keine Geschichte ist besser oder schlechter. Keine Geschichte hätte irgendwie anders sein können. Jede IST einfach nur.

Wenn wir unser Leben beschreiben sollen, tun wir dies meistens durch die Brille der Vergangenheit. Die Gegenwart, in der wir uns IMMER aufhalten, findet kaum Bedeutung und wir lassen uns auch ständig aus dieser Gegenwärtigkeit ziehen. Stattdessen geben wir der Vergangenheit besonders viel Aufmerksamkeit – obwohl das nichts anderes ist als Ansammlungen von Gedanken. Ja, richtig gehört! Unsere Vergangenheit sind nur Ansammlungen von Gedanken in unserem Kopf. Und der Mensch neigt nun mal dazu, sich mehr dort aufzuhalten als im Jetzt. Sehr beliebt sind auch Zukunftsgedanken, oft in Form von Befürchtungen und Sorgen.

Nichts als Mindfuck! Denn nichts von alledem ist eingetreten, alles findet nur im Kopf statt – aber der Körper reagiert volle Kanne auf alle sorgenreichen Gedanken. So kommt er in Stress und zeigt Symptome, als wäre die Situation bereits eingetreten. Das ist so krass!! Denn ALLES FINDET NUR IN UNSEREM KOPF STATT!

Das können wir zum Beispiel schön im Flugzeug beobachten, wenn der Pilot über Lautsprecher verkündet, dass sich die Passagiere nun anschnallen mögen, weil es in den nächsten Minuten etwas wacklig werden könnte wegen einer bevorstehenden Schlechtwetterfront.

Bei den meisten Passagieren findet die Schlechtwetterfront bereits im Kopf statt und ihr Körper reagiert auf diese Nachricht mit Kurzatmigkeit und Verkrampfung, obwohl noch keine einzige Turbulenz eingetreten ist. Ich habe eine solche Situation tatsächlich mal in einer kleinen Maschine erlebt und dachte, dass mein Leben nun zu Ende gehen würde. Neben mir aber freute sich ein kleiner Junge schon auf das bevorstehende Schunkeln: »Endlich mal was los hier, nicht nur langweilig rumsitzen!«, meinte er.

Während ich auf meinem Sitz fast starb und sich der Körper verkrampfte, hatte der Kleine einen super Flug und schmiss bei jedem Luftloch begeistert die Hände in die Luft. Unglaublich! Unterschiedlicher kann man einen Film nicht sehen. Und ich schreibe bewusst FILM, denn genau so ist es. Wir sehen tatsächlich nur zu. **Unser ganzes Leben ist ein Film, nur denken wir ständig, die eigenständigen Akteure zu sein.** Ein Flug, von zwei Personen komplett unterschiedlich wahrgenommen. Angst & Panik – Euphorie & Spaß. Und beides findet nur im Kopf statt! **Dem Flieger (Leinwand) ist es herzlich egal, wie wir den Flug (Film) empfinden. Denn wie wir über eine Sache denken, findet**

immer nur innerhalb unserer Geschichte statt.

DAS IST DIE SHOW....!!

Das mit dem Denken funktioniert auch umgekehrt: Wenn Menschen von früheren Erlebnissen erzählen, fühlen sie den gleichen Schmerz oder die gleiche Freude von damals und ihr Körper reagiert darauf. Doch, wo befinden sie sich, während sie erzählen? Immer im Jetzt. Durch ihre bildliche Erzählung holen sie sich jedoch die Situation nochmals in die Gegenwart und erleben den gleichen Schmerz. Wenn sie es überprüfen würden, könnten sie feststellen, dass nichts als der gegenwärtige Moment existiert! Das absolute JETZT.

Und wie beschreibt sich das Jetzt? Gar nicht! Denn, in dem Moment, in dem du versuchst, es zu beschreiben, ist es bereits Vergangenheit.

Ich möchte dir eine wundervolle kleine **Übung** dazu empfehlen, um dich ins Jetzt zu holen:

Sobald du merkst, dass es dir nicht gut geht, untersuche:

Was für einem Gedanken bist du gefolgt?
Woher kam er?
Kam er durch eine Situation im Außen?
Hast du etwas gehört, gelesen oder gesehen?

Dann nimm wahr, was JETZT ist!
Wo bist du?
Worauf sitzt du?
Was für Geräusche nimmst du wahr?
Was sehen deine Augen?
Wie fühlt sich dein Körper an?
Was ist JETZT?!

Das Jetzt ist immer spontan. Da taucht auf, was dran ist, beispielsweise Essen,

Abspülen, Meditieren, eine E-Mail schreiben, ein Telefonat führen, Laufen, Kochen, auf die Toilette Gehen, Lesen, ein Gespräch führen. Mehr ist da nicht.

Natürlich erscheinen auch Gedanken. Das machen sie den ganzen Tag, doch sie verschwinden genauso schnell wieder, wenn du sie nicht verfolgst und zu *deinen* Gedanken machst, denn sie sind nie DEINE Gedanken. Genauso wenig wie Gefühle, die daraufhin folgen. Gefühle treten auf durch Gedanken, die in dir auftauchen.

Fühle alle Gefühle, die sich dir zeigen, ohne, dass du sie zu *deinen* Gefühlen machst. Denn sie kommen nur, um gefühlt zu werden, dann gehen sie wieder.

DAS IST DIE SHOW…!!

Das Festhalten von Gedanken geschieht natürlich vollkommen unbewusst, aber es gilt als das ganz normale Leben. Ein Leben mit Geschichten, die wir täglich füllen, festhalten und persönlich nehmen. Ja, wir füllen diese Ansammlung von Gedanken mit unserer Geschichte und sind voll mit ihr identifiziert. Wir glauben, unsere Geschichte, der Akteur zu sein, getrennt von allen anderen. **Doch Leben, besser gesagt, Bewusstsein, findet nur durch den Akteur (Mensch) statt, der glaubt, der Handelnde zu sein. Das ist das große menschliche Dilemma! Das große Missverständnis! Die Show!**

Innerhalb der Geschichte »*Das Leben von Max Müller*« sieht es aus, als würde Max alle Entscheidungen selbst treffen und getroffen haben. Auch die Zukunft wird in dieser Sichtweise von ihm persönlich geplant. **Doch das Einzige, was die ganze Zeit stattfindet, ist Leben im Jetzt, und das immer spontan und automatisch.**

Hast du dies einmal tief in deinem Herzen verstanden, wird dich dieses Wissen nicht mehr loslassen.

Du kannst es hundert Mal gehört oder gelesen haben und es ist nichts passiert – dann kommt dieser eine Moment und plötzlich bricht alles, das ganze Kartenhaus, die Illusion eines eigenständigen Lebens, ineinander zusammen und du fängst an, alles wirklich klar zu sehen.

Meistens geschieht so etwas, wenn wir es gar nicht erwarten, und zwar, wenn ein Teil, von dem du dachtest, dieser zu sein, in den Hintergrund rückt. Er wird nicht mehr gebraucht – zumindest nicht mehr in der Art wie vorher.

Hier wird die Geschichte durchschaut – die Geschichte des Lebens von der oder dem, der du geglaubt hast zu sein, der scheinbar getrennt von allem war. Es ist wie ein Wachwerden oder Erinnern. Ein Erwachen von einem Jemand. Ich nenne es **Durchschau**.

Etwas verschiebt sich in deiner Wahrnehmung und du bewegst dich nicht mehr innerhalb der Geschichte. Sie existiert weiterhin, wird aber nun nicht mehr persönlich genommen. Ähnlich wie nach einem Zaubertrick: Wenn du einmal kapiert hast, wie er funktioniert, wirst du das nie wieder vergessen und der Zauber verliert seinen Glanz. **Ähnlich verhält es sich, wenn man aus dem persönlichen Leben erwacht. Du wirst sozusagen ent-zaubert, bzw. des-illusioniert.**

Das »normale« Leben, die »Show«, ist voller emotionaler Wellen. Mal nimmt uns die Welle bis an die höchste Spitze mit und wir denken, der absolute Held oder Heldin zu sein. Wir glauben, das Leben nun so was von kapiert zu haben. Nichts kann uns das Ruder aus der Hand reißen und wir sind voll im Flow!

Dann kommt eine nächste Welle um die Ecke und reißt uns nieder. Sie wirbelt uns dermaßen durcheinander und wir finden keinen Halt mehr. Alles, was vorher klar war und sich richtig anfühlte, ist nur noch ein leeres Gefühl. Vielleicht hat uns der Partner verlassen, der Job wird gekündigt, wir verlieren unser ganzes Geld. Menschen, die wir lieben, sterben oder verlassen uns und hinterlassen eine große Leere in uns.

WELCOME TO THE SHOW…!!

Ja, das ist das Leben – wunderschön und grausam zugleich. Das ist die Dualität, in der wir Menschen mit unseren Geschichten und Egos leben. Hier hat uns der Zauber fest im Griff und wir sehen nicht die Illusion. Als würden wir in einer Show eines Magiers sitzen. Wir sind so verzaubert und in den Bann gezogen, sehen nichts darum herum.

Doch unsere Seele – ich nenne es DAS, was wir wirklich sind – wollte in diese Show »Das Leben von (dein Name)«, um sich verzaubern zu lassen. Während wir also innerhalb der Geschichte leben, nimmt uns alles, was geschieht, vollkommen ein. Und weil sich die meisten Menschen nicht daran erinnern, dass sie nur Zuschauer und Zeuge sind, nehmen sie alles persönlich und sind überzeugt, der Entscheider und Handelnde zu sein. So geht es im Grunde immer nur darum, ein Jemand zu werden und irgendwo hinzukommen.

Dein Verstand (Ego) redet dir ein: »*Es reicht noch nicht, dass muss noch besser werden!*«

Ich muss noch mehr abnehmen und noch mehr trainieren, damit ich einen perfekten Body habe. Erst dann kann ich mich lieben.

Ich muss noch mehr arbeiten, damit ich einen besseren und höheren Posten bekomme. Erst dann bin ich erfolgreich.

Ich muss noch mehr Geld verdienen, damit ich mir das neuste Auto/Handy/Outfit leisten kann. Erst dann werde ich gesehen.

Ich muss noch mehr meditieren, damit ich erleuchtet werde. Erst dann bin ich für immer glückselig.

Das Leben innerhalb der Geschichte ist ein stetes Noch-erreichen-wollen und dadurch ziemlich anstrengend.

Wenn du aber einmal ent-zaubert, des-illusioniert wurdest, weißt du genau, dass es niemals etwas zu erreichen gibt und auch nie gab. Es waren einfach Stationen in *deinem* Leben, die du erreichen solltest – oder eben nicht. Du hast auch nie in *deinem* Leben irgendetwas getan und schon gar nicht entschieden. Handlungen geschehen *durch* dich, so wie Entscheidungen *durch* dich getroffen werden. Du bist weder der Handelnde, noch der Entscheider.

Nichts geschieht aus dir heraus, weil du es möchtest. Du bist nur ein Instrument, auf dem gespielt wird: Das Leben geschieht einfach! Es lebt sich selbst, ohne dein Zutun!

Falls du solch eine Sichtweise zum ersten Mal liest: Überprüfe dies selbst! Glaube nichts, überprüfe es in deinem Leben!

Schau in deine »persönliche« Geschichte »Das Leben von (dein Name)«.

Schaue dir Situationen an, in denen dein Leben eine neue Richtung einschlug:

Was ist vorher geschehen?
Welches Ereignis hat sich abgespielt?
Tauchten plötzlich starke Impulse auf, die dich zu einer Entscheidung gebracht haben?
Oder gab es etwas im Außen, dass dich dazu bewegt hat?

Das kannst du auch im Kleinen beobachten: Überprüfe abends vor dem Schlafengehen einfach deinen erlebten Tag.

Was hast du heute gemacht?
Was ist geschehen?
Woher kamen die Gedanken?
Waren es Impulse, die dich dazu bewegt haben, eine bestimmte Sache zu machen?
Oder hat sich in deiner äußeren Umgebung etwas ereignet, dass dich den nächsten Schritt hat machen lassen?

Überprüfe dies sorgfältig. Wenn du nichts finden kannst und du immer noch der Überzeugung bist, alles selbst zu tun, kannst du das Buch beiseitelegen, es verschenken – oder es irgendwann später erneut lesen.

Wenn du aber jetzt schon Wahres finden konntest: Welcome!

Und ob Du es glaubst oder nicht: Auch diese Entscheidung wird nicht von dir gefällt, nur *durch* dich. Sorry! :) Du, als Instrument, fühlst dich entweder inspiriert von diesem Buch und liest weiter oder du wirst es enttäuscht oder gelangweilt beiseite legen. Je nachdem, was gespielt werden soll... Doch was und wie es jeweils gespielt werden soll, hast du niemals in der Hand. **Es findet immer nur DAS statt, WAS IST.**

Lass dich überraschen....

Die beste Bildung, die ein Mensch haben kann, ist das Wissen über sich selbst.
Sein wahres ICH zu erkennen. Wer bin ich? Was will ich? Was steckt in mir? Diese Erkenntnis ist ein kostbarer Schatz. Der einzige, der wirklich wichtig ist.
(Amma)

Kapitel 4

Wer bin ich wirklich?

Zu leben ohne (m)eine Geschichte – ist das denn möglich? Und warum sollte ich das überhaupt wollen?

Von Wollen kann nur die Rede sein, wenn jemand wirklich Selbsterforschung praktizieren möchte. Sonst hat dieses Thema im Leben schlicht keine Bedeutung. Das »**Wirklich wissen wollen, wer man ist**« taucht dann auf, wenn ein Tiefpunkt erreicht wurde, an dem man sein ganzes Leben und sich selbst in Frage stellt. Solche Tiefpunkte hatte ich auch und sie waren extrem anstrengend, weil ich in die tiefsten Tiefen abtauchte. Ich wollte wissen, warum mir das alles passierte. Die Sehnsucht, mehr über mein Selbst herauszufinden, stieg ins Unermessliche und ich war bereit, alles zu sehen und dafür alles zu geben.

In dieser Phase meines Lebens ereignete sich dann etwas Unerwartetes und gleichzeitig völlig unspektakulär. Einmal geschah es während ich Yoga praktizierte und ein andermal während ich das Geschirr abspülte. Da war plötzlich kein Gefühl von, dass *ich* das tat, sondern das dies automatisch geschah. Etwas das ohne ein Ich stattfand. Einfach nur eine Handlung ohne einen Handelnden. Es war ein Loslassen, dass ich nicht kontrollieren konnte. Ein Loslassen vom Ich, dass ich dachte zu sein. Doch es war nichts, was dieses Ich tat. Es passierte einfach. Es war nicht abrupt, wie man das manchmal in anderen Erwachensgeschichten liest. Es dauerte sogar einige Wochen, bis ich klar sehen konnte, dass alles nur eine Geschichte war, die *durch* mich geschieht und die das Leben selbst schreibt. Ich konnte sozusagen aus der Geschichte aussteigen, weil durchschaut wurde, dass es nicht *meine* Geschichte, sprich **nicht** *mein* Leben war, sondern nur Leben im jetzigen Moment.

Dann wurde (mir) klar, dass die Person/Rolle (Nina) trotzdem in dieser dualen Welt weiter existieren, auf ihren Namen hören und sich umdrehen wird, wenn sie jemand ruft.

Allerdings weißt du dann die ganze Zeit, ohne dass du es dir vergegenwärtigen musst, dass du die Person in Wirklichkeit nicht bist. Der Körper-Geist-Organismus ist nur ein Instrument, auf dem gespielt wird. Welches Instrument du bist und welcher Ton aus dir erzeugt wird, liegt nicht in deiner Hand. Das zu erkennen, ist die Durchschau.

Das Ich wird durchschaut. Man kann es auch Erwachen nennen. Doch es gibt keinen Jemand mehr, der erwacht oder durchschaut. Es ist ein Erwachen vom Ich. Und zwar von dem Ich, dass man die ganze Zeit dachte zu sein.

Dieses Instrument (Mensch) befindet sich auf einer Reise. Was es erlebt, liegt nicht in seiner Hand. Es wird einfach auf ihm gespielt, es wird... bespielt. Und zwar von der Energie, der Höheren Intelligenz, der Quelle, Spirit, Bewusstsein. Es ist die Energie, der im Laufe der Zeit schon viele Namen gegeben wurde.

Warum sollte mich aber das als normaler Mensch interessieren? Was nutzt es mir, mich damit auseinanderzusetzen? Und warum ist es überhaupt wichtig zu wissen, ob ich mit oder ohne (m)einer Geschichte lebe?

Ja, für die meisten Menschen sind solche Fragen schlicht irrelevant, weil sie sich mit ihrer Geschichte und Körper identifizieren und an allem festhalten. Was sie aber auch festhalten, ist Leid und Schmerz, weil sie glauben, für alles im Leben verantwortlich zu sein. Wenn du einmal verstanden hast, dass du all das niemals sein kannst, weil alles einfach nur DURCH dich geschieht, befreist du dich selbst aus dem Käfig von Leid und Schuld.

Die Suche nach dem »wahren Selbst« kann zur totalen Befreiung führen.
Dann aber verschwindet das Selbst! ;)

Wenn du bis hierher das Buch gelesen hast, triggert dich das Thema eh und wahrscheinlich schreit es in dir schon länger nach Freiheit und Frieden – ohne, dass du darüber viel nachgedacht hast. Es reicht schon das Gefühl, sich nicht richtig zu fühlen oder wenn im Leben oft alles zu viel wird. Anzeichen gibt es da sehr viele, in jedem von uns. Und diejenigen, die es dann wirklich wissen wollen und diese innere Unruhe spüren, fangen an zu suchen, bis sie eines Tages aufmerksam werden durch etwas, was sie hören, lesen oder erleben. Vielleicht darf es für dich ja dieses Buch hier sein, vielleicht aber auch etwas völlig anderes. Sicher ist auf jeden Fall, dass du wohl spürst, dass es da noch eine andere Welt gibt als die, in der wir uns normalerweise aufhalten – in der Welt des Denkens, in der alles getrennt wird.

Diese große Verwechslung findet statt, wenn wir uns mit dem Körper identifizieren. Dann entsteht Trennung zum eigentlichen Selbst – DAS, was wir sind. Obgleich man sagen muss: Trennung geschieht nicht wirklich, weil du dich niemals von dem trennen kannst, was du bist – aber es fühlt sich so an.

Ich vergleiche das gerne mit Wellen und dem Ozean. Wenn Identifizierung stattfindet, glauben wir, einzelne Wellen zu sein. Wir versuchen uns größer zu machen als andere Wellen und vergleichen uns untereinander. Doch die voneinander sich getrennt fühlenden Wellen sind zu jeder Zeit der Ozean! Keine Welle lebt für sich allein und ist schon gar nicht besser oder schlechter. Auch wenn sie das ein Leben lang glauben mag, so ist sie doch immer der Ozean – das große Ganze! Und was ist das große Ganze? Bewusstsein, die Quelle, die Höhere Intelligenz, die All-Liebe, Gott…. Welcher Name für dich auch immer stimmig ist.

Das Ich lebt innerhalb der Geschichte, in der Zeit – voll damit identifiziert. So fühlen wir uns als Super-Welle oder als Versager-Welle, je nach Situation, Phase und Entwicklung. Dann leben wir die meiste Zeit in der Trennung vom Ozean. Begleiterscheinungen sind Leid (weil wir es gerne anders hätten) oder eine gefühlte Enge und Unzufriedenheit (weil wir uns nicht im Jetzt aufhalten). Unbewusst übergibst du dem Verstand die Macht und er gaukelt dir vor, was alles noch nicht so ist, wie es sein sollte und was du in Zukunft besser machen könntest. Nie ist er zufrieden oder sagen wir, nur selten und wenn, dann nie lange!

Das Problem ist nicht, was du bist. Das Problem ist, was du zu sein glaubst.

Du bist DAS, worin die Person erscheint. DAS, was sich NIE ändert oder sich nie ändern muss. Du bist das VOR den Gedanken und VOR den Sinnen.

Da ist etwas, was schon die ganze Zeit über existiert und allen zusieht, Zeuge davon ist. Das ist, was du bist. Und es ist das Gleiche wie in allen anderen Menschen (Instrumenten). Ich habe vorhin geschrieben, dass eine Energie in jedem lebt, die das Instrument zum Tönen bringt. Du bist diese Energie. Welchen Namen wir dieser Energie auch geben, es bleibt davon völlig unberührt – von allen. Beides ist voneinander abhängig: Die Energie (Bewusstsein) benötigt das Instrument (Mensch), um sichtbar zu werden und Handlungen in der Welt geschehen zu lassen. Und ebenso benötigt der Mensch dieses Bewusstsein, um Erfahrungen zu machen und lebendig zu sein. Ohne Bewusstsein ist alles tot.

Das gilt natürlich nicht nur für Menschen, sondern auch für Tiere, Pflanzen, Steine, Blumen und alles andere. Es ist das gleiche Bewusstsein, dass uns wachsen lässt. Mit dem kleinen, aber entscheidenden Unterschied, dass dem Menschen noch der Verstand gegeben wurde, mit dem er werten und urteilen kann.

Dieser versucht nun ständig, den Menschen aus seinem natürlichen Seins-Zustand zu bringen, weil er damit nichts anfangen kann. »Viel zu langweilig! Lass uns was tun, was erreichen!«, plappert der Verstand dann.

Das ist seine Aufgabe. Natürlich hat der Verstand auch eine nützliche Funktion, die ich als »wirkenden Verstand« definiere. Dann werden Dinge getan, die getan werden müssen. Der »denkende Verstand« ist uns allerdings oft im Weg und blockiert den Fluss des Lebens. Die meisten Menschen haben sich darin vergessen und glauben dem Verstand mehr als ihrer Intuition. Sie spüren sich mehr im Körper als im puren Sein. Und das ist das große Dilemma!

Dieses Vergessen gehört allerdings zum Plan. Ich nenne es auch gerne »Die göttliche Komödie«: Eine perfekte Inszenierung des Vergessens!

Im Menschsein bin ich niemals perfekt. Alles muss noch besser werden, ich muss mich stets entwickeln, an mir arbeiten und mich transformieren. Es ist nie genug. Ich bin nie gut genug. So gehen viele Sinnsucher in Seminare bekannter spiritueller LehrerInnen, die zu jedem Mangelgefühl einen passenden Kurs parat haben. Das ist natürlich überhaupt nichts Schlechtes – im Gegenteil! Es passt wunderbar in die »Aufwachphase« des Suchenden. Weil viele Menschen derzeit in dieser Phase stecken, sind solche Seminare unglaublich beliebt und bieten die Möglichkeit, langsam wacher zu werden.

Viele Sucher bleiben in dieser Phase jedoch stecken, weil es so schön und sicher ist. Auch das ist in Ordnung. Doch für jene, die tiefer forschen, geht es weiter. Sie suchen und suchen, probieren dies und jenes aus. Irgendwann kommen sie an einen Punkt, an dem sie wieder am Anfang der Suche stehen und erkennen, dass ALLES die ganze Zeit schon da war. Alles, wonach sie gesucht haben. Und ab hier beginnen sie, das Spiel des Lebens zu **durchschauen** und den Weg der Befreiung zu gehen!

Aus einem: »*Ich muss noch besser werden, mich verändern, damit ich geliebt werde, mich geliebt fühle, glücklich und erfolgreich bin*«, wird ein: **Ich bin schon längst fertig und vollkommen, so wie ich bin!**

Und so werde ich geliebt oder auch nicht – auch das spielt dann keine Rolle mehr, denn mehr Liebe, als vom Ich zu erwachen, gibt es nicht. DAS IST DIE BEDINGUNGSLOSE LIEBE. Hier gibt es keinen Weg zurück. Man möchte auch nicht mehr zurück, weil alles andere ein Irrweg war – schwer, kompliziert, Frust und Leid mit sich bringend und vom eigentlichen Selbst wegführend.

Nun mag der eine oder andere denken: »*Wie, ich bin schon fertig? Geht es im Leben nicht darum, dass man sich entwickelt?*« Klar, darum geht es. Wir entwickeln uns alle im Laufe des Lebens. Aber das ist nichts, was du tust! Entwicklung geschieht. Scheinbar dieser Person – aber wer war das nochmal?!?

Bewusstsein ist alles, was es gibt!

Im Traum des Lebens geschieht scheinbar Entwicklung und Wachstum (mehr oder weniger) einer Person. Doch eigentlich ENT–WICKELN wir uns! Und zwar von dem, der wir zu glauben zu sein – aus der Identifizierung der Person. Was am Ende übrig bleibt, ist NICHTS und ALLES zugleich. Wenn wir uns wirklich aus allen Schichten der Person befreit (**aus-ge-wickelt**) haben, sind wir frei. Dann erkennen wir, dass das, WAS WIR WIRKLICH SIND, die ganze Zeit schon da war, nur lagen Schichten über Schichten darüber, Schichten der Identifizierungen.

*Es fand mehr eine **Verwicklung** statt als eine Entwicklung!*

Darunter sind wir immer frei und schon längst fertig! Nichts müssen wir mehr werden.

Lass diese Vorstellung, irgendetwas an dir müsste anders sein, einfach los! Denn wohin es für dich weitergehen soll, ergibt sich von selbst.... wie alles sich von selbst ergibt und ergeben hat.

Nur in der Identifizierung mit der Person glaube ich, alles immer selbst zu tun. Das ist der große Irrtum.

DAS LEBEN LEBT SICH SELBST und was *durch* mich wirkt, geschieht ohne mein Zutun. So einfach ist das. Ich weiß, das ist fast zu einfach und kaum auszuhalten. Vor allem für den Verstand, der sich ständig ins Leben einmischen und etwas tun möchte. Dadurch steht er aber dem Lebensfluss im Weg. Außerdem hält er an allem Möglichen fest, weil er Angst hat, zu sterben.

Wir merken gar nicht mehr, wie unglaublich anstrengend es ist, diesem denkenden Verstand den ganzen Tag zuzuhören. Der wirkende Verstand stattdessen macht einfach, was ansteht. Durch ihn geschehen die Dinge, wie sie geschehen sollen.

Gefangen im denkenden Verstand – oftmals Ego genannt – meinen wir, unser Leben stets auf die Reihe kriegen zu müssen. In Wirklichkeit müssen wir nichts kontrollieren oder steuern. Alles, was geschieht, geschieht einfach und zwar so, wie es jetzt für uns gedacht ist.

Natürlich müssen wir Geld verdienen, damit wir Miete zahlen und Essen kaufen können. Doch das alles geschieht einfach in dem Maße und in der Form, wie es geschehen soll. Ich kann gar nicht nichts tun, so bin ich nicht veranlagt, so bin ich nicht programmiert.

Wenn morgens der Wecker klingelt und Termine anstehen, kann ich nicht liegen bleiben, obwohl der denkende Verstand nach Weiterschlafen schreit. Es wird aufgestanden und getan, was ansteht. Das ist der wirkende Verstand.

Ich kann mit dem denkenden Verstand (Ego) noch so sehr den Tag planen, alles kann wieder anders kommen und dann wird dementsprechend einfach re-agiert. Früher hat es mich aufgeregt, wenn die Dinge nicht so liefen, wie ich dachte. Oft war ich dann damit beschäftigt, darüber nachzudenken und mich aufzuregen, warum das nicht funktioniert hat, anstatt anzunehmen. Ich wusste eben noch nicht, dass Leben zu jeder Zeit aus einer vollkommenen Ordnung gelebt wird und ohne mein Zutun geschieht. Ich fühlte mich für jede Situation verantwortlich und meinte stets, etwas ändern zu müssen, teilweise auch für meine Mitmenschen. Wie anstrengend!

Diese Anstrengung fiel von mir ab, als erkannt wurde, dass ich nur eine Figur bin, die **re**-agiert! Entweder auf Geschehnisse im Außen, die mir zeigten, worum es gehen sollte, oder auf Impulse, die in mir auftauchten. Und dies geschieht immer, das ganze Leben hindurch! Das Leben ist immer spontan und wir re-agieren darauf.

Das ist alles.

Die göttliche Komödie spielt sich von selbst. Wir als Figuren werden eingesetzt wofür wir auch immer da sind und was durch den jeweiligen *Körper-Geist-*

Organismus geschehen und sich ausdrücken soll.

Ich weiß, für den denkenden Verstand ist das nicht auszuhalten. Das ist viel zu einfach. Außerdem: Wo bleibe ICH als Person in dieser ganzen Komödie?

Nun, du kommst nur scheinbar vor und bist auch nur scheinbar wichtig.

Spätestens jetzt steigt das Ego aus und möchte davon nichts mehr hören. Doch wenn wir alles runterbrechen und tatsächlich DAS finden wollen, was wir sind, müssen wir aus dem Hamsterrad, der angeblich so wichtigen Person XY, aussteigen. Ich weiß, in vielen Selbstfindungskursen und Bücher wird uns mantrenhaft erzählt, wie wichtig jeder einzelne für diese Welt doch ist. Hört sich doch auch verdammt gut an, oder? Das Ego fühlt sich geschmeichelt, vor allem, wenn du das von den Eltern oder deinem Partner nicht oft zu hören bekommen hast.

Doch in diesem Buch geht es um die Offenbarung des Lebens, die nackte Wahrheit, um DAS, was du in Wirklichkeit bist. Und deswegen ist ein »durch die Blume reden« und Schmeicheln, was für ein großartiger SchöpferIn du doch bist, reine Zeitverschwendung. Du als Person bist kein Schöpfer oder Schöpferin.

Schöpfung geschieht von selbst durch den Körper-Geist-Organismus.
Das war's.

Möchtest du weiterlesen? Freut mich. Denn dann gehe ich davon aus, dass ein Sucher in dir ist, der »sich« finden möchte. Und wie manch andere hast Du bereits auf vielen Wegen und in vielen Richtungen gesucht. Überall hast du dir ein bisschen was geholt und wahrscheinlich ging es dir nach einem Seminar eine Zeit lang besser, aber irgendwann schlich sich wieder der Alltag ein...

Es fehlte einfach an einer Umsetzung, die auch dauerhaft funktioniert.

Und darum soll es nun gehen...

Spannend, oder?

Willkommen also auf unserer weiteren Reise....

Wenn die Suche nach dem Paradies aufhört, wird erkannt, dass es nichts als das Paradies gibt.
(Tony Parsons)

Kapitel 5

Methoden

Heute findet man in einer Buchhandlung unter der Rubrik »Lebensratgeber« allerlei Methoden, die angeblich zum besseren Leben führen – »7 Schritte zum dauerhaften Glück«, »12 Wege zum erfüllten Leben« und wie sie nicht alle heißen.

Als ich begann, spirituelle Bücher zu lesen, gab es in Buchhandlungen weder »Spiri-Ecken« noch Internet. Man konnte nur vereinzelt spirituelle Bücher bestellen, weil es keinen großen Bedarf gab. Heute findet sich eine Überfülle! Spiri-Ecken sind mittlerweile fast so groß wie Abteilungen mit Romanen. Selbst an Tankstellen oder im Supermarkt gibt es spirituelle Zeitschriften ohne Ende. Wenn man diese durchleuchtet, wiederholen sich die Themen vielfach und »Happy Life Magazine« sind voll von schönen Bildern – garniert mit netten Zitaten und einigen Artikeln.

Ich habe selbst für verschiedene Zeitschriften geschrieben. Am beliebtesten sind Beiträge mit ausführlichen Methoden und netten Ideen, um sich selbst auszuprobieren. Die Autoren bekommen dafür sogar noch extra Seiten dazu.

Bücher mit vielen Techniken zum Üben, um endlich ein erfolgreiches Leben zu führen, verkaufen sich nämlich unglaublich gut. Das gleiche gilt für Seminare – für jeden Sucher ein Muss! Denn wenn ich all diese Methoden anwende, werde ich ja endlich Frieden/Glück/Erfolg haben – am besten alles drei :).

Das wird uns suggeriert. Nicht zu vergessen die beliebten Affirmationssprüche, die man morgens und abends zu rezitieren hat. Das ist nichts anderes als positives Denken. Man spricht einen Satz mantrenhaft vor sich hin, bis man ihn (hoffentlich) glaubt. Doch wer spricht hier eigentlich? Nun, der Kopf. Das Ego kümmert sich um Sprüche, die es ständig vor sich her sagt, die jedoch vom

Herzen nicht gefühlt werden, weshalb sie auf Dauer auch nicht wirken.

Diese Bücher sind jedoch keineswegs völlig sinnlos. In einer gewissen Phase des Lebens haben sie ihren Nutzen und sind hilfreich, um zu erkennen, zu hinterfragen und dann weiterzugehen.

Ich weiß, wovon ich spreche. Ich habe Bücher über verschiedenste Techniken gelesen und ausprobiert, als auch die unterschiedlichsten Seminare besucht, weil ich mir davon immer etwas erhoffte. Doch was eigentlich? Na, das, was alle versprachen:
Dauerhafter innerer Frieden, absolute Selbstliebe, bis hin zur Erleuchtung. Ich ersehnte also immer etwas, was anscheinend erst gefunden oder hergestellt werden musste. Man setzt auf Methoden, die dich angeblich zum Ziel führen, wenn du sie genauso praktizierst.

Sorry, wenn ich das jetzt so klar raushaue, aber: Das ist Bullshit!

Aus eigener Erfahrung weiß ich, dass keine einzige Methode, egal in welcher Form sie dir verkauft wird, wirklich funktioniert, wenn es nicht in deinem Leben ansteht! Die meisten Veränderungen geschehen nicht aufgrund eines Buches, das du liest oder eines Videos, das du dir anhörst, geschweige denn durch ein Seminar, an dem du teilnimmst.

Die Veränderungen geschehen DURCH DAS LEBEN/durch dich – aber NICHT WEGEN dir und deinem Tun!

Natürlich kannst du weiterhin Kurse besuchen, wenn du das möchtest und Bücher lesen, zu denen du dich hingezogen fühlst, nur tue dies ohne bestimmte Erwartungen! Und lass dich nicht blenden, wie viele Follower oder veröffentlichte Bücher ein spiritueller Lehrer vorweisen kann – das heißt gar nichts. Denn wenn er/sie lehrt, wie du besser, erfolgreicher, selbstliebender oder »ganz« werden kannst, dann ist er/sie selbst noch auf der Suche.

Aber ich denke, die meisten Anhänger dieser Lehrer lieben genau das an ihm, weil dir erzählt wird: »Du kannst alles bekommen, was du willst, du musst es nur wirklich wollen und mehr und mehr dein Bewusstsein trainieren!«

Ja, so etwas höre ich immer wieder von spirituellen Lehrern. Sorry, wenn ich nochmals vielleicht an deinem Glauben rüttle, aber solche Aussagen sind, wie eben schon erwähnt, Bullshit! Verkauft sich nur wahnsinnig gut, weil die Sucher angeblich etwas bekommen und hoffentlich endlich finden, wenn sie nur ein bestimmtes Buch gelesen, ein Seminar besucht und regelmäßig Übungen praktiziert haben.

Bei mir, und ich möchte ehrlich zu dir sein, bekommst du NICHTS. Aber dieses NICHTS, und ich spreche aus Erfahrung, kann ALLES sein, was du je gewollt hast, bzw. DAS, was du hinter all deinem Tun (dem Verändern, Verbessern, Transformieren, stundenlanges Meditieren) immer gesucht hast.

Das große Verstehen/Erwachen liegt nicht in deiner oder meiner Hand – auch nicht, wieviel verstanden werden soll. Das ist wie im Yoga. Ich praktiziere nun seit 25 Jahren Yoga und mein Körper ist dadurch gut gedehnt. Es gibt jedoch Stellen, da kann ich üben wie ich will, sie gehen mit diesem Körper nur bis zu einer gewissen Grenze und das gilt es anzunehmen. Mehr geht nicht. Dafür bin ich dankbar, was sonst so geht und richte meinen Fokus darauf. *Warum immer darauf schauen, was nicht optimal funktioniert, wenn es Dinge gibt, die ganz wunderbar laufen?!*

Also, nochmal: Ich sage nicht, dass Methoden schlecht sind! Sie können tatsächlich zu einer Veränderung oder Verbesserung führen, doch NICHT, weil du so genial geübt hast und diszipliniert bist, sondern, weil es dann genau für dich JETZT ansteht, dass etwas in deinem Leben verändert werden soll.

Warum lesen so viele ein und dasselbe Buch, beispielsweise über spirituelles Erwachen, und bei dem einen macht es Klick! und es ist verstanden und ein anderer muss das Buch immer wieder lesen, um sich das Wissen herzuholen?! Der eine ist nicht besser als der andere. Für den einen steht es an, weil es jetzt in seinem Leben benötigt wird und für den anderen, ist es eben (noch) nicht dran und andere Dinge wichtiger. So einfach ist das.

Was bei dem einen »Klick!« macht, ist nicht, weil er schlauer ist, denn es handelt sich um ein (wieder-) Erinnern!

Die meisten Menschen brauchen Methoden und Übungen, weil sie sich nicht vorstellen können, dass das Leben optimal für sich selbst sorgt. Und zwar immer – zu jedem Zeitpunkt! Dies können wir nur spüren, wenn wir aufgeben, das Leben durch Methoden manipulieren zu wollen. Denn genau das versuchen wir ständig. Und warum? Weil wir das Leben nicht annehmen können, wie es ist. Wir möchten es anders haben, weil es hart, kompliziert und ungerecht ist. Ja, das ist manchmal auch so, aber nur, wenn du dich auf der Seite des Mangels befindest. Geht das Leben wieder in Richtung Fülle, ist davon nichts mehr zu spüren. Im Spiel des Lebens geht es ständig hin und her. Entweder befinden wir uns im Mangel oder in der Fülle – und alles ist in Ordnung.

Doch ACHTUNG! Jetzt kommt ein entscheidender Satz:

Auch, wenn wir uns auf der »Minus-Seite« befinden und Mangel, Verlust, Schmerz, Krankheit, Trauer, Unglück empfinden, so ist trotzdem immer ALLES in Ordnung. Auch, wenn es sich nicht danach anfühlt!

Es fühlt sich für uns ja nur deshalb nicht in Ordnung an, weil wir es so nicht haben wollen. Wir gehen in den Widerstand und stellen uns gegen den Lebens-Flow. Und merken gar nicht, wie anstrengend das Leben dadurch ist!

So versuchen wir so schnell wie möglich von der Minus-Seite auf die Plus-Seite (Glück, Fülle, Heilung) zu gelangen. Würden wir uns aber dauerhaft nur im Glück bewegen, gäbe es keine wichtigen Veränderungen. Es braucht also das Gefühl von Verlust, Trennung oder Versagen, damit neue Wege beschritten werden. So einfach ist das.

Die Minus-Seite zeigt sich nicht, weil du persönlich irgendwas falsch gemacht hast. Nein, sie ergibt sich, damit ein Perspektivenwechsel stattfinden kann und Dinge geschehen können, denen du auf der »Plus-Seite« keine Aufmerksamkeit schenken würdest, weil sie dir dort, ganz einfach nicht begegnen.

Wenn wir also wissen, dass das Leben immer optimal für sich – für uns –

sorgt, wozu dann noch Methoden?

Was ist das Gegenteil von Methoden? Richtig: Vertrauen und Hingabe!

Wir können Methoden natürlich nutzen, wenn sie uns ansprechen, doch versprich dir nicht zu viel davon, außer vielleicht einem Wohlfühlgefühl. Es kann natürlich sein, dass dich eine Methode weiterbringt, aber wie gesagt, das, was ansteht, ist eh dran. Auf welche Art dich das Leben darauf aufmerksam macht, spielt dabei keine Rolle. :)

Aus der Sicht eines Hardcore Suchenden bringen dich bestimmte Methoden zur nächsten Methode und die Suche hört nie auf. Warum? Weil Methoden vom Verstand erschaffen werden, um etwas zu erreichen und zu verändern. Und das, weil wir ständig denken, dass unser Leben nicht ohne uns läuft, wir es stets und immer wieder auf die Reihe kriegen und uns etwas beweisen müssen.

Doch Achtung: Das Leben lebt sich selbst! Es braucht uns NICHT dazu! Es geschieht nur _DURCH_ uns, durch unseren Körper-Geist-Organismus. Leben ist einfach nur Leben. Es versucht gar nicht, etwas zu beweisen, denn es braucht KEINE ABSICHT!

Wenn du im Vertrauen bist und dich dem Leben hingibst, kommst du gar nicht auf die Idee, nach irgendeiner Methode Ausschau zu halten, die dein Leben verbessern soll! Niemals! Alles ist perfekt, so wie es sich JETZT zeigt. Schau dir die Natur an: Der Sommer versucht auch nicht, besser zu werden als der Sommer im letzten Jahr und eine Birke versucht auch nie, eine Eiche zu werden.

DAS, was wir sind, (BEWUSST) SEIN, muss niemals etwas erreichen und braucht keine Methoden, geschweige denn Ziele! Ist nicht nötig. Methoden sind nur notwendig, wenn du denkst, dein volles Potential (noch) nicht zu nutzen.

Doch dass ist nicht wichtig, wenn du weißt, dass dein natürliches Sein alles schon beinhaltet, was du brauchst. Du lebst schon das Leben, das in dir angelegt ist und zwar genau so, wie du es leben sollst.

Wie ich mir da so sicher sein kann?

Ganz einfach: **Sonst wäre es ja anders!**

Ich weiß, mit diesem einfachen Satz gibt sich der Verstand ungern zufrieden. Sofort springt er auf und ruft: »So ein Unsinn! Ich kann doch jederzeit mein Leben ändern, Bücher über Potentialentfaltung lesen und dazu Kurse belegen und Therapeuten aufsuchen! Ich kann zu jedem Zeitpunkt mein Leben selbst lenken!«

Auf der rationalen Verstandsebene, aus der sich übrigens die meisten Menschen nie hinausbewegen, haben diese Gedanken auch eine gewisse Berechtigung, weil wir dort der Meinung sind, dass wir:

- unser Leben selbst in der Hand haben.
- oft nicht einverstanden sind mit dem, was uns das Leben präsentiert.
- folglich, es immer anders haben wollen.
- denken, uns ins Leben einmischen zu können und müssen.
- uns nie genug und vollständig fühlen.
- meinen, uns ständig verbessern zu müssen.
- und deshalb das Gefühl haben, im Leben NIE wirklich anzukommen!

Das ist die Sicht unserer »Gastrolle«, die wir hier auf Erden spielen und mit der wir uns so stark identifizieren. Findet ein Wiedererkennen unserer wahren Natur statt, gibt es nichts, was einer Veränderung bedarf, weil wir wissen, dass sich die Gastrolle von selbst spielt und zwar von der Energie des Bewusstseins. **Das ist es, was wir sind!**

Und dieser Energie ist nichts hinzuzufügen oder wegzunehmen, weil sie perfekt IST. Und aus dieser Perspektive heraus weißt du, dass Leben nicht anders sein kann, als so, wie es sich zeigt. Das bedeutet auch, dass die Rolle, die durch dich als Gast auf Erden gespielt wird, nicht anders gespielt werden kann!

Nichts, aber auch gar nichts bedarf einer Veränderung. Wenn eine Veränderung innerhalb der Gastrolle ansteht, wird dies geschehen, aber nicht,

weil du Großartiges geleistet hast und auch nicht, weil du einen Fehler gemacht hast, sondern NUR, weil das Leben/die Höhere Intelligenz/die Quelle sich durch dich jeweils so ausdrückt. Völlig unpersönlich.

Ich gebe dir ein einfaches und klares Beispiel:

Die Energie, die uns Menschen belebt, ist die gleiche Energie, die in Pflanzen, Tieren, Bäumen lebt! Und jetzt frage ich dich:
Brauchen diese Methoden, um zu wachsen?
Nein!

Sie sind einfach DAS, was sie von Natur aus sind und was in ihnen angelegt ist. Lilien werden Lilien und nicht Rosen. Schnecken werden Schnecken und nicht Leoparden. Und eine Fichte wird ein Fichtenleben führen und kein Leben eines Apfelbaums. Sie werden sich nicht mal miteinander vergleichen oder Ungerechtigkeit empfinden, nur weil ein Lebewesen größer und schneller ist oder ein Baum mehr Früchte trägt als ein anderer! Nein, das passiert nur bei Menschen, die mit ihrem Ego und ihrer Rolle identifiziert sind.

Pflanzen, Bäume, Tiere – sie alle brauchen keinen Instagram Account, um sich zu zeigen und zu vergleichen, sich von der breiten Maße abzuheben, um sich besser zu fühlen. Warum nicht, wissen wir bereits. Sie haben keinerlei »Ich-Bewusstsein«, sondern sie sind Bewusstsein pur.

Tiere/Pflanzen/Bäume leben immer in der Gegenwärtigkeit, aus dem jetzigen Moment heraus. Wie kleine Kinder. Sie kennen weder eine Vergangenheit, noch eine Zukunft. Überall, wo kein »Ich-Bewusstsein« vorhanden ist, braucht es keinerlei Methoden, weil nichts verkehrt ist, sondern immer alles richtig ist, WAS IST.

Und trotzdem sage ich NICHT, du sollst nie wieder irgendeine Methode erlernen. Mach einfach das, was dich anzieht. Es ist nichts falsch daran! Denn das Leben ist ein Spiel. Deshalb: Spiele, mit welchen Methoden auch immer! Probiere aus, wozu auch immer du Lust hast! Nur wisse, dass das alles nur Spielerein sind für unser Sein auf Erden.

Wenn du wirklich, wirklich wissen willst, worum es geht, frage dich:

WER spielt?
WER entscheidet?
WER handelt?

Dann kommst du dem Ende der Suche schon näher...

Wenn der Geist nichts mehr hat an dem er sich festhalten kann, wird er still.
(Ramana Maharshi)

Kapitel 6

Über Meister, Gurus und spirituelle Lehrer

Im Laufe des Lebens treffen wir immer wieder auf Menschen, zu denen wir aufblicken und uns hingezogen fühlen. Wir bewundern sie für das, was sie sagen oder erreicht haben. Dann gibt es Menschen, die einfach wegen ihres äußeren Erscheinungsbildes und ihrer Ausstrahlung bewundert werden. Wobei man bei dem Wort »Erscheinungsbild« schon hellhörig werden sollte: Jemand er-scheint. Wir haben sozusagen ein »Scheinbild« von ihm. Solche Menschen stellen wir dann gerne auf ein Podest und finden an ihnen kaum Fehler. Einige wollen auch durchaus bewundert werden und sind sehr mit dem Ego identifiziert – weit weg davon, wirklich authentisch zu sein. Sie sind nur auf der Suche nach ihrer wahren Natur, während sie jedoch so tun, als hätten sie bereits alles gefunden und wären längst im Leben angekommen. Leider fallen viele »Anhänger/Fans/Follower« darauf rein.

In spirituellen Kreisen sucht man sich oft einen Guru, einen spirituellen Lehrer, der einen eine Zeitlang begleitet. Großartig, wenn man erkennt, wann es Zeit ist, das irgendwann zu beenden und allein weiterzugehen. **Im Idealfall kommst du an den Punkt, an dem du merkst, dass dich nichts, aber auch wirklich gar nichts von deinem Meister unterscheidet! Er hat nichts, was du nicht auch hast. Besser: Er ist DAS, was du bist: Energie/Bewusstsein.**

Wenn er dich zu dieser Weisheit führt, spricht durch ihn die Wahrheit selbst/ die Quelle/das Absolute/das Göttliche. Dann hat er seine Arbeit getan, denn ein wahrer Meister gibt dir nichts! Im Gegenteil, er nimmt dir alles! Und zwar all deine Vorstellungen von dir selbst und dem Leben. Er nimmt dir deinen Glauben daran, wer du zu sein dachtest. So fängst du an, vom sogenannten »Nullpunkt« aus zu leben.

Die meisten Menschen, die sehr mit ihrer Person und Geschichte identifiziert sind, fürchten sich vor diesem »Nullpunkt«, weil Person und Geschichte wegfallen, weil dann niemand mehr ist, der besonders sein könnte.

Doch, du hast nur deine **Vorstellungen** vom Leben,
VOR die Wahrheit **GESTELLT**,
wer oder was du in Wirklichkeit bist.

Wenn das »persönliche« Kartenhaus zusammenbricht, an das wir uns geklammert haben, bleibt genau so viel übrig: **Nichts**.

Und trotzdem gibt es dich noch! Nur ist dir vollkommen klar, dass du nichts anderes bist als eine Spielfigur, durch die das Bewusstsein/Leben lebt. Das ist nichts, was dir ein spiritueller Meister geben kann, sondern was von selbst geschieht, wenn es geschehen soll.

Ich selbst hatte einige Meister, komplett unterschiedliche Typen mit verschiedensten Botschaften und alle hatten für mich zur jeweiligen Zeit eine bestimmte Bedeutung. Manche hatte ich noch nicht mal persönlich kennengelernt. Das war anscheinend nicht nötig, denn die Botschaft kam trotzdem zu mir und zeigte sich, als ich bereit war, sie zu hören und in mein Leben zu integrieren.

Es war nichts, was ich willentlich herbeiführen konnte oder selbst tat. So manches Mal kaufte ich ein Buch und stellte dann fest, dass dieses schon im Regal stand und das schon einige Jahre! Meist hatte ich es damals auch gelesen, aber noch nicht verstanden. Die Zeit war noch nicht reif. Ich konnte die Botschaft noch nicht aufnehmen. Die Worte gingen rein, blieben aber nicht. Wenn ich mir so ein Buch also später – nicht wissend – nochmal kaufte, war es dann oft der richtige Zeitpunkt und ich saugte das Wissen auf wie ein Schwamm.

Manche Meister und Lehrer arbeiteten auch mit mir direkt. Aber keinen von ihnen hatte ich bewusst gesucht! Sie lagen praktisch auf meinem Weg und kamen in mein Leben, wann es dafür Zeit war. Einer half mir, mein Handwerk, dass mir bereits in die Wiege gelegt wurde, anzuwenden und die Seele der Menschen zu sehen und zu fühlen, damit ich mit ihnen arbeiten konnte. Ein anderer lehrte mich, die Menschen ohne Geschichte oder Person zu sehen. Wieder ein anderer Lehrer war zuständig für meine Erdung, das Heilen alter Wunden und die Auseinandersetzung mit dem Tod. Wieder andere halfen mir, am Körper zu arbeiten, wenn er Beschwerden aufzeigte.

Du musst keinen Guru in Portugal oder Indien besuchen, um dort für viele Monate oder Jahre zu lernen. Ich erlebte es viel einfacher: Alles, was es für mich zu lernen gab, lag irgendwann direkt vor meinen Augen. Der Ort spielte dabei nie eine Rolle, es geschah zu Hause in München wie auch auf meinen vielen Reisen.

Natürlich kann man trotzdem in ein Ashram oder Zen-Kloster gehen, weil es eine wunderbare Möglichkeit ist, aus dem Alltags-Hamsterrad auszubrechen und so dem Innenleben Aufmerksamkeit zu schenken. Doch es ist nicht zwingend notwendig. Du kannst ALLES auch dort finden, wo du dich gerade befindest, denn überall nimmst du dich mit und was du suchst, findest du immer **IN** dir.

Du musst dein bisheriges Leben dafür nicht aufgeben, Familie oder Freunde verlassen und woanders hingehen – außer, ein Impuls zieht dich dort hin. Der Ort ist, wie schon erwähnt, unwichtig. Du wirst finden, wenn die Zeit reif ist, und zwar DAS, dass du finden sollst! Und ob das nun durch einen spirituellen Meister geschieht oder von außen durch ein Ereignis spielt keine Rolle.

Denn unser wirklicher Meister ist immer das Leben!

Und genau das vergessen wir oft: Das Leben bietet uns stets die Dinge an, die wir brauchen, um zu lernen oder sagen wir besser, um uns wieder zu erinnern! Denn Wissen über das Leben und alles weitere tragen wir in uns. Wir haben es nur vergessen. So schenkt uns das Leben immer wieder Situationen, in denen wir uns erinnern dürfen.

Wir sprechen dann davon, etwas im Leben gelernt zu haben. Letztlich aber entfaltet sich nur unser innewohnendes Wissen.

Nichts fügt dir der »Wissende« hinzu. Nichts, was du nicht schon in dir trägst. Es findet lediglich eine Erinnerung statt.
Mach dir das bewusst!

Die Wahrheit ist, dass es nichts gibt, was wir erst erreichen müssen!
Wenn wir das doch nur glauben würden!

Es fehlt uns an nichts. **Das, was wir sind, ist schon vollkommen und dem gibt es nichts hinzuzufügen.**

Die Frage ist:
Was suche ich dann eigentlich bei einem Meister/Guru/Lehrer?
Was denke ich, nicht zu haben, was er/sie hat?

Ganz einfach:
Ur-Vertrauen! Ur-Vertrauen in das Leben. **Der Suchende betrachtet die Welt oft aus einem Mangel heraus.** Er sieht überall Dinge, die verändert werden müssen und in seinen Augen (noch) nicht richtig, noch nicht genug sind – inklusive seiner Person.
Während der Wissende im Ur-Vertrauen sieht, WAS IST. Er bewertet es nicht großartig. Wenn doch, findet das eben in diesem Moment statt und im nächsten vielleicht schon nicht mehr. Der Wissende ist sich bewusst, dass Leben ein einziges Erscheinen und wieder Verschwinden ist. Alles Mögliche taucht auf und nach einer gewissen Zeit verschwindet es wieder. Nichts ist von Bestand. Deshalb hält der Wissende auch an nichts fest. Er sieht sich lediglich die Dinge/ Situationen an, die auftauchen und bezeugt sie, reagiert darauf oder nicht, was keinen Unterschied für ihn macht.

Ur-Vertrauen ist bedingungslose Liebe – eine ganz andere Liebe als die, von der wir gewöhnlich sprechen. Bei uns wird Liebe meistens mit Bedingungen verknüpft. Doch DIE bedingungslose Liebe IST einfach nur und zeigt sich im

Leben in jedem Augenblick. Sie ist das, was JETZT ist. Auch in den nicht so schönen Momenten. Das ist für uns durch unseren begrenzten und ständig wertenden Verstand oft nicht nachvollziehbar. Denn, wo ist da bitteschön Liebe, wenn jemand stirbt oder einen Unfall hat? **Hier kommt der Verstand an seine Grenzen. Aber es ist und bleibt das, WAS IST.**

Leben und Sterben ist das, WAS IST.
Glücklich-Sein und Traurig-Sein ist das, WAS IST.
Heilung und Schmerz ist das, WAS IST.

Alles kommt aus der Liebe, weil Liebe keine Wertung kennt. Liebe ist. Leben ist. Und zwar immer richtig, so wie es sich zeigt. Alles andere machen wir selbst daraus und zerlegen es mit dem Verstand in Gut und Böse oder Richtig und Falsch.

Wenn der Weg zu unserem Ur-Vertrauen freigelegt ist, müssen wir nicht mal mehr darüber sprechen, weil es keiner Worte mehr bedarf. Aber es kann natürlich passieren, dass dich das Leben auffordert, zu lehren oder ein Buch zu schreiben, um die Weisheit weiterzugeben.

Ein Weiser/Wissender/Erwachter – viele Namen für den/die eine/n – kann sich jedoch nicht auf die Schulter klopfen und stolz auf das sein, was er geschrieben hat, weil er weiß, dass Bewusstsein, die Quelle sich von selbst durch das Instrument Mensch schreibt.

Vielleicht fragst du dich, wie man den Weg des Ur-Vertrauens findet? Ich verrate dir: Es ist so verdammt einfach, dass es der Verstand kaum fassen kann! Denn in unserer Vorstellung sind große Erkenntnisse stets mit großen Ereignissen verbunden. Das sind aber nichts weiter als spannende Stories, mit denen wir unser Ego füttern und die wir gerne über uns und über das Leben hören.

Das, wovon ich spreche, liegt unmittelbar vor dir. Es handelt sich um das Leben, wie es sich im JETZT zeigt! Und zwar egal **WIE** es sich zeigt. Ob Hochzeit oder Trauerfeier, **du bist stets auf der richtigen Veranstaltung.** Außer du glaubst, dort falsch zu sein und es anders haben zu wollen. Schon bist du im großen Leid gefangen!

Das Leben ist stets unser Freund und unser Meister, weil das Leben dich immer dort hin führt, wo du noch nicht in Liebe bist, nicht im Vertrauen bist. Kümmere dich nicht um das Leben – es lebt sich selbst. Kümmere dich lieber darum, alles anzunehmen, wie es ist.

LEBE UND LIEBE WAS IST.
Das ist es, was uns das Leben in jedem Moment zuflüstert.

Ach ja: Es gibt noch einen wahren Meister und das ist **DER TOD!** Ja richtig gehört, auch der Tod ist ein Meister, wenn nicht DER Meister, denn er nimmt weg, was du nicht bist, was nicht zu dir gehört und lässt **DAS** übrig, was du in Wirklichkeit bist. Denn das, was du versuchst festzuhalten, nämlich deinen Körper und seine Geschichte, ist NICHT das, was du bist. Du bist Energie, die den Körper/das Instrument belebt und diese Energie stirbt nie, nur die Form.

Unsere wahren Lebenslehrer sind selten jene in den Schulen (wobei es natürlich auch wunderbar wache Lehrer gibt, die sich trauen, nach ihrem Herzen zu lehren und nicht nach dem Unterrichtsstoff, der durchgebracht werden MUSS, weil das schon immer so war....), **sondern, es sind unsere Mitmenschen!** Unsere Kinder, Partner, Familienmitglieder, Kollegen, Freunde, Mitschüler, Fremde. Menschen, denen wir täglich begegnen und in denen wir uns selbst erkennen dürfen. Sie lehren und spiegeln uns, ohne es zu wissen. Wenn wir offen dafür sind, können wir in jeder Begegnung sehen, wo wir schon heil sind und wo (scheinbar) noch nicht. Das ist Lernen innerhalb des »Spiel des Lebens«, indem wir uns meist aufhalten. Außerhalb des Spiels – wobei es nicht wirklich ein innen und außen gibt – gibt es nichts zu lernen oder heilen, **weil wir im SEIN schon heil und ganz sind – immer! Es ist unser Naturzustand.**

Leider bekommen wir weder im Elternhaus, noch im Kindergarten oder der Schule beigebracht, wer wir wirklich sind, geschweige denn, wie wir Frieden schließen können mit dem, WAS IST.

Was hätten wir für einen Frieden auf dieser Welt!
Stell dir das mal vor!

Doch es ist nie zu spät, dies zu hören und dich daran zu erinnern...

Zusammengefasst: **DAS**, worum es wirklich, wirklich geht im Leben, nämlich um ein Wiedererkennen unserer wahren Natur, kann uns niemals jemand geben.

Leben, Tod, Wissende – Sie können uns lediglich die Vorstellung von allem nehmen und auf das Nichts hindeuten, dass wir jenseits unserer persönlich geglaubten Geschichten sind.

Das Verrückte an der Sache: Wir suchen uns stets in allen möglichen Dingen – auch wenn uns das gar nicht bewusst ist. Wir sind immer auf der Suche nach uns selbst. Meistens hat dann ein einschneidendes Erlebnis stattgefunden, das dich wachrüttelt. Nun fängst du bewusster an zu suchen, weil dir das Erlebnis gezeigt hat, dass es mehr gibt als das, was du siehst und glaubst.

Wenn wir einen Lehrer, Guru oder Meister aufsuchen, hoffen wir, durch ihn Leichtigkeit und Erkenntnis über uns und das Leben zu gewinnen. **Doch während der gesamten Zeit der Suche bist du ALLES schon!** Und der, den wir am meisten fürchten, nämlich der Tod, führt uns genau dort hin. Was nicht bedeutet, dass du körperlich sterben musst, um dich wiederzuerkennen. Aber spätestens dann findet ein Wiedererinnern statt!

Kannst du irgendwann klar sehen, dass du nicht die Form bist, sondern Energie/Bewusstsein/Leben selbst, was alles belebt, geschieht ein Sterben vor dem Sterben. Dies ist es, was ein wahrer, weiser Meister, also ein Wissender, lebt. Allerdings gibt es dann keinen Jemand mehr, der sich besser oder besonderer als andere fühlt. Die Illusion der Person wird durchschaut.

Kein Täter mehr – nur Taten.
Kein Handelnder mehr – nur Handlungen.
Das war's.

Und trotzdem geht ein scheinbares Leben von Hans/Peter/Gabi/Susi weiter, nur wird es nun durchschaut.

Alles geschieht von allein:
Gedanken geschehen,
Gefühle geschehen,
Impulse geschehen,
Reaktionen geschehen,
Handlungen geschehen.

Alles ohne dein Zutun. Hier ist nur noch DAS, WAS IST. DAS, was sich *durch* dich *als* Form (Mensch) ausdrückt. Bewusstsein.

Dadurch wird das Leben zwar nicht einfacher, denn es schickt dir weiterhin Herausforderungen, doch du kannst anders, leichter damit umgehen.

In der Eile, mit der wir nach einer besseren Situation in der Zeit suchen,
zertrampeln wir die Blume des Seins, die sich in jedem Moment zeigt.
(Tony Parsons)

Kapitel 7

Die Einfachheit des Lebens

Ich glaube, es gibt niemanden, der sich nicht ein angenehmes, einfaches und leichtes Leben wünscht. Deswegen gibt es so unendlich viele Lebensratgeber, Therapeuten, Psychologen und spirituelle Lehrer, denn jeder Suchende wünscht sich eine Anleitung für sein Leben.

Auch zu mir finden viele ihren Weg. Oft fühlen sie sich von der Last des Lebens erdrückt. Ich freue mich über jeden einzelnen von ihnen, weil sie alle eine Bereitschaft mitbringen, sich ihren Themen zu stellen und sich wahrhaftig zu zeigen. So eine Offenheit findet man in seinem »persönlichen« Umfeld eher selten.

Die meisten Klienten glauben, dass es einige Sitzungen braucht, weil die Last so schwer ist. Doch manchmal reichen zwei Stunden oder ein Seminar und es wird verstanden. Denn tatsächlich geschieht nur ein Perspektivenwechsel – allerdings auf radikale Art und unter radikal meine ich, OHNE Kompromisse!! Nötig dazu ist allein deine Bereitschaft, dich von einer alten Sichtweise und Identität zu lösen. Du verlierst eher etwas, als das du etwas bekommst. Dazu musst du nichts tun, auch nirgendwo hingehen oder etwas transformieren.

Es ist viel radikaler und einfacher, als neue Methoden oder Techniken auszuprobieren.

Es geht um (d)ein HIN-GEBEN in ein Leben IM JETZT.

Oft haben wir in Eckhart Tolles' Büchern und Vorträgen vernommen, wie wichtig es ist, im JETZT zu leben – um es im nächsten Moment schon wieder zu vergessen. Ständig ziehen unsere Gedanken weg, weil es dem Verstand viel zu langweilig ist, sich mit dem JETZT zu beschäftigen. Er fürchtet den Tod im Jetzt, deshalb sucht er Ablenkung. Entweder beklagt er sich über das, was war (Vergangenheit) oder er hat Befürchtungen über das, was noch kommen mag (Zukunft). Darum versucht er auch, mit aller Gewalt die Gedanken dort hinzuführen, was anders sein sollte und verändert werden möchte. Und schon befinden wir uns wieder im Hamsterrad und weg vom Leben, das sich immer nur im jetzt und von selbst spielt.

Am leichtesten können wir das JETZT in der Natur erfahren. Allein, ohne Ablenkung, kannst du mit der Natur im Einklang sein, indem du sie vollkommen wahrnimmst über all deine Sinne. Warum gelingt uns das dort so viel einfacher als im Alltag? Weil wir Natur sind! Du bist Natur, Sein, das nichts braucht – das einfach nur ist. Wenn wir einen Waldspaziergang unternehmen, in die Berge gehen, barfuß laufen, im Meer schwimmen oder Wellen beobachten und mit den Füßen im Sand stecken, spüren wir uns am besten! Wir sind eins mit dem Wald, den Bergen, dem Meer und alles ist perfekt, so wie es ist.

Es geht immer nur darum, was jetzt ist – was sich jetzt zeigt! Da ist eine Stille, eine Präsenz, die ganz einfach ist, die nichts von dir verlangt. Sie ist allgegenwärtig – überall und ständig.

Das Jetzt ist die totale und radikale Einfachheit des Lebens! Es ist immer DAS, was gerade geschieht. Schockierend gewöhnlich. Unmittelbar vor dir.

Es geschieht: Hören, Sehen, Tee trinken, Brot essen, Hundegebell, die Sirene eines Krankenwagens, Vogelgezwitscher. Ein Meeting, Menschen, die reden, hören, diskutieren. Ein Telefon, das läutet. **Willkommen im Jetzt!** :)

Aber achte darauf, dass dir dein Verstand nicht davonläuft. Denn er wird sich bald melden, dass er das nur für Zeitverschwendung hält und es genügend Dinge gibt, um die du dich kümmern solltest, über die du dir Gedanken und Sorgen machen solltest. Das liebt der Verstand ganz besonders. Da gibt es viel zu tun und das lenkt schön ab von dem, worum es im JETZT eigentlich geht!

DAS, was wir unser ganzes Leben lang suchen, finden wir nur im jetzigen Moment! Und was suchen wir – in unterschiedlicher Art und Weise? Stabilen Frieden in uns! Und was ist dieser stabile Friede? Sein. DAS, was wir sind.

Wir sind also dieser Friede, nach dem wir uns sehnen. Wir sind das, was wir suchen! Ist das nicht irre?

Ja, der Mensch irrt sich oft, weil er vergessen hat. So sucht er ein Leben lang. Doch nun wissen wir zumindest, was er (meist unbewusst) sucht: Sein wahres Selbst. Frieden. Doch weil er ver-wirrt ist, sucht er sich in allen möglichen Formen der Befriedigung, die er vor allem über die Anerkennung erhofft.

Einer sucht Anerkennung über seinen Beruf, ein anderer über den Körper oder über Freizeitaktivitäten. Soziale Medien »unterstützen« uns dabei, so viel Anerkennung wie möglich zu sammeln. Ich habe nichts gegen Instagram, Facebook & Co., ich nutze sie selbst für bestimmte Zwecke. Doch wenn du dich davon abhängig machst und dich mit deinen Posts identifizierst, hast du ein echtes Problem, weil du damit nur dein Ego fütterst, das du mit dir verwechselst.

Der Mensch sucht also nach Anerkennung, weil er darin großen Frieden erhofft. Allerdings ist dieser Frieden nur von kurzer Dauer, weil keine wirkliche Kraft dahintersteckt! Wie eine bunte Luftblase, die sich bemerkbar macht und wieder verpufft.

Wenn du dich vom Feedback deiner Fans und Follower abhängig machst, rennst du dem, was du eigentlich suchst, hinterher. So wirst du den Frieden nie finden. Du willst nur »besonders« sein oder besser und das hat niemals Stabilität. Es ist nur flüchtig und nicht echt.

Die Einfachheit des jetzigen Moments zu entdecken, ist das größte Glück, das du finden kannst! Und das liegt in den gewöhnlichen Dingen, die dir täglich passieren und auf die dein Blick fällt. Hast du einmal verstanden, und zwar verstanden im Sinne von »mit dem Herzen gesehen«, dass darin der absolute, stabile Frieden liegt, willst du nie wieder etwas anderes! Du willst nie wieder besonders oder besser sein, weil dir dieser Frieden alles gibt und du ihn gegen nichts anderes mehr eintauschen möchtest.

DAS LEBEN IM JETZT IST DAS SOGENANNTE
»OFFENE GEHEIMNIS.«

Jeder kennt es, weil jeder darin lebt. Das Leben kann nur im Jetzt stattfinden. Und trotzdem bewegen wir uns durch unseren Mind ständig davon weg. Meistens halten uns die inneren Richter und Zweifler davon ab, im Jetzt zu verweilen. Mindfuck-Gedanken, die in einer Tour auf uns einreden, was noch fehlt, was anders hätte sein sollen oder was es doch noch dringend zu erledigen gibt. Im Jetzt aber hat dieser Mindfuck keine Überlebenschance, da nur wichtig ist, was (jetzt) ist.

Selten empfehle ich Übungen, aber diese ist ganz einfach: Mache Dir zwischendurch immer mal wieder bewusst, was ist:

- *Was ist jetzt da?*
- *Um was geht es jetzt?*
- *Was zeigt sich jetzt?*
- *Geht es darum, jetzt zu reagieren?*
- *Oder geht es darum, einfach nur wahrzunehmen?*
- *Was hörst du?*
- *Was fühlst du?*
- *Was schmeckst du?*
- *Worauf stehst oder sitzt du?*
- *Welche Geräusche sind da?*
- *Wie fühlt sich der Körper an?*

Hole dich immer wieder in das hinein, was jetzt ist. Und zwar radikal! »Radikal«, das kommt vom lateinischen »radix«, was so viel bedeutet wie Wurzel/Ursprung. Also: Nimm radikal wahr, was ist! Immer und immer wieder! Wenn das, WAS IST, zu deinem ständigen Begleiter wird, entsteht eine Art Liebesbeziehung. Das JETZT wird dein(e) Geliebte(r) und du bist nie wieder einsam. Du verliebst dich in das, was sich gegenwärtig ausdrücken möchte. Nichts anderes zählt mehr, keine Vergangenheit oder Zukunft interessiert dich mehr. Alles nur Geschichten, Ansammlungen von Gedanken. Das, WAS IST, wird als Wunder erkannt. Alles geschieht im Jetzt.

Natürlich kann man sich weiter Geschichten von früher erzählen oder Gedanken für die Zukunft machen, Pläne schmieden für einen Umzug oder Urlaub. Das findet nach wie vor statt, nur sind die Ergebnisse und Ziele offen, wohin die »Reise« dann wirklich geht. Und es ist doch so: Oft müssen wir die Pläne ändern und umbuchen, weil etwas dazwischenkommt. Aber dann ist es DAS, was sich im Jetzt spielt und du bist vielleicht kurz enttäuscht, erkennst aber, dass es nicht anders sein kann.

So erlebe ich das Leben die ganze Zeit! Mit der Erkenntnis, nichts, aber wirklich gar nichts in der Hand zu haben, kann ich nur noch grob planen. Ich tue, als würde ich entscheiden, wohl wissend, dass in Wirklichkeit das Leben selbst plant und niemals ein »Ich«. Es zeigt mir, wohin es geht, auch wenn das nicht immer der angenehmste Weg ist.

Wenn allerdings klar erkannt wird, dass es mich als Person nicht gibt, sondern nur das Leben, das sich durch mich als Instrument Mensch ausdrückt, dann ist DAS, was sich im Jetzt zeigt, immer unpersönlich, aber stets VOLLKOMMEN UND GANZ, ob angenehm oder unangenehm. Weil das Sein bereits alles ist und alle Rollen spielt! Bewusstsein spielt sich durch jeden von uns und kann im Jetzt auch klargesehen werden. Bewusstsein, Sein, stabiler Frieden, Präsenz, Stille – unterschiedliche Worte für das Eine.

Das offene Geheimnis um die Leichtigkeit des Lebens ist schockierend einfach. Dem Verstand ist das jedoch viel zu einfach. Er sagt sich: »Wie, der jetzige Moment ist die Antwort auf ein leichtes Leben?! Das ist doch viel zu unspektakulär!«

Als sich in mir das erste Mal diese Erkenntnis offenbarte und mein Mind keine Chance mehr hatte, einzugreifen, fühlte es sich an, als hätte man mir eine ungeheure Last von den Schultern genommen. Ich fing laut an zu lachen und konnte nicht mehr aufhören. Was für ein einziger kosmischer Witz das ganze Leben doch ist, wenn man es aus der Perspektive des Nichts, der Ich-Losigkeit betrachtet!

Aber wohlgemerkt: Ich laufe jetzt nicht ohne ein »Ich«, quasi kopflos, auf Erden herum. Das Ich ist weiter da, sonst könnte ich nicht schreiben und auch nicht für Klienten, Familie und Freunde da sein. Ich lebe ein normales, gewöhnliches Leben mit allem Drum und Dran. Der Inhalt hat sich nicht geändert – und trotzdem hat sich alles verändert, weil Schwere und Ernsthaftigkeit gegangen sind.

Durch das Erkennen, die Verschiebung der Wahrnehmung, hat sich eine Durchschau – wie ich sie nenne – eingestellt, durch die ich das Leben nicht mehr anders sehen kann. Ich kann es nur Gnade nennen, die Welt nicht mehr *beschränkt* zu sehen. Diese »normale« beschränkte Sicht als vollidentifizierte Person ist weggefallen. Pures, nacktes, einfaches Leben ist geblieben. Gleichzeitig geht alles weiter.

Seitdem liebe ich in allem, was mir begegnet die Einfachheit und das Gewöhnliche! Was vorher besonders und aufregend sein musste und voller Absicht war, ist nun die Liebe zu einem absolut gewöhnlichen und schlichten Leben, dem ich seither *anstrengungslos* zuschauen darf, wie es sich vor meinen Augen entfaltet. Ganz ohne Absicht. Das Leben braucht keine Absicht. So wie Musik keine Absicht braucht, auch kein Sonnenuntergang oder Tanz. Es wird einfach gehört, gesehen, getanzt und geatmet – das ist alles, was geschieht.

Wobei ich unter *anstrengungslos* nicht meine, dass es innerhalb der Geschichte der Nina B. nicht auch gestresste Situationen gibt. Dann ist es eben DAS, was auftaucht. Mit *anstrengungslos* ist hier ein Hingeben an das gemeint, wie sich das Leben zeigt.

Normalerweise ist es doch so: Wir bewegen uns ständig vom Jetzt weg, um das Außergewöhnliche zu suchen. Das Leben muss spektakulär und auch wir möchten besonders sein. Wir wollen uns von anderen abheben mit dem, was wir tun oder mit dem, wie wir sind. Wir ringen um Anerkennung und Liebe auf die unterschiedlichste Art und Weise. Wie anstrengend!

Doch genau das führt uns weg von dem, was wir eigentlich suchen!

Das Außergewöhnliche liegt im gewöhnlichen Leben selbst verborgen und nirgendwo anders!

Ist das nicht eines der großartigsten Botschaften?!? Was für eine Riesenerleichterung, wenn man es endlich verstanden hat!!

Denn, warum suchen wir das großartige Leben im Außergewöhnlichen? Warum muss es besonders sein und warum müssen wir unbedingt etwas erreichen, damit auch wir uns besonders fühlen? Wir möchten uns abheben von den Mitmenschen, egal in welcher Weise. Die Sozialen Netzwerke sind voll davon. Was für ein kranker Wahnsinn!!

Nichts musst du!! Du darfst einfach leben und atmen. Das ist alles. Und das ist der innere, stabile Frieden, den du stets im Außergewöhnlichen, in der Anerkennung, in der Besonderheit gesucht hast. Dabei ist er dauerhaft nur im gewöhnlichen, schlichten Leben zu finden. Während du Zähne putzt, Gemüse schälst, in der U-Bahn sitzt, arbeitest, ein Buch liest, Tee trinkst, auf dem Klo sitzt, Wäsche aufhängst, Laub zusammenrächst, einen kranken Menschen pflegst, über die Ampel gehst, einen Film anschaust.

Solange du das alltägliche Geschehen, den gegenwärtigen Moment, nicht als das Wunder des Lebens erkennst und dich in das verliebst, WAS IST, wirst du keinen stabilen Frieden in dir finden.

Den Frieden, den du so sehnlichst suchst (ob bewusst oder unbewusst), hast du NIE verlassen! Er umgibt dich jeden Augenblick, in den Dingen, die du tust, mit allem, was dir das Leben zeigt. Hast du das einmal wirklich verstanden, weißt du, was das »Offenen Geheimnis des Lebens« meint. **Es ist ein offenes Geheimnis, weil es so offensichtlich ist, es unmittelbar vor uns liegt, wir die ganze Zeit darauf gestoßen werden und doch daran vorbeisehen!**

Was ist jetzt?

Der Kühlschrank brummt. Ein Hund bellt. Ein Gedanke kommt rein: Lust auf Kaffee? Das Telefon läutet. Es wird gesprochen (doch Niemand spricht mit Niemand). Es wird Kaffee gekocht. Ein Gedanke meldet sich, dass es gut wäre, einen Termin auszumachen.

So oder so ähnlich zeigen sich die täglichen Momente, natürlich immer unterschiedlich und bei jedem anders. Doch so herrlich unspektakulär und einfach ist das JETZT. Zwischendurch zeigen sich spannende und stressige Episoden, doch dann ebbt es wieder ab.

Wenn ich für Print-Magazine schreibe, freue ich mich immer, wenn die frisch gedruckte Zeitschrift mit der Post kommt. Dann weiß ich, in ein paar Tagen wird sie in allen Zeitschriftenläden präsent sein. Einige Wochen später aber, wird sie aus den Regalen genommen werden, ausgetauscht durch eine aktuelle Ausgabe und im Müll landen. So schnell ist das Leben – und vieles, schnell wieder unwichtig.

Heute noch wirst du vom Chef gelobt, weil du einen wichtigen Kunden gewinnen konntest, im nächsten Monat schon wird ein anderer Kollege gehyped, während du nicht einmal mehr erwähnt wirst und vielleicht sogar um deinen Arbeitsplatz bangen musst, weil Stellen abgebaut werden. So schnell dreht sich der Wind, alles ist anders und du kannst nichts dagegen machen, **weil das Leben einfach geschieht und nicht nach deiner Erlaubnis fragt! Es ist weder für, noch gegen dich. Das Leben ist vollkommen unpersönlich. Es ist einfach.** Jetzt in diesem Augenblick während du diesen Satz liest. Mehr ist es nicht.

Das Leben ist wie ein Film. Du bist die Leinwand, auf der alles er-scheint, gespielt wird und wieder verschwindet. Die Leinwand ist und bleibt jedoch von dem, was darauf projiziert wird, völlig unberührt!

Das heißt: Du bist die Wirklichkeit. In dir »er-scheint« alles immer im jetzigen Moment und verschwindet wieder, wenn es sich ausgespielt hat.
Die Leinwand stellt den Film nie in Frage, sie stellt sich einfach zur Verfügung, weil ohne Leinwand der Film – Leben, Bewusstsein – nicht sichtbar werden kann.

Sitzt du im Kino, versuchst du ja auch nicht, den Film zu verändern, sondern schaust dem nur zu. Was auf der Leinwand gezeigt wird, sind immer wieder Szenen, die jeweils zur nächsten Szene führen. Das ist alles, was im Leben geschieht. Nicht mehr und nicht weniger. Die jeweilige Szene ist die Gegenwärtigkeit, es ist immer DAS, was sich JETZT abspielt.

Die absolute Freiheit liegt im gewöhnlichen und schlichten Leben.

Die ganze Welt ist eine Bühne, und alle Frauen und Männer bloße Spieler.
(William Shakespeare)

Kapitel 8

Der freie Wille

Hier sind wir nun bei einem meiner Lieblingsthemen angelangt: DER FREIE WILLE. Gibt es ihn nun oder gibt es ihn nicht? Heute glauben, ich würde mal sagen, 90 Prozent der Menschen an einen freien Willen. Warum so viele? Na, weil das doch viel verlockender ist, wenn man tun und lassen kann, was immer man möchte. Und seit unserer Kindheit hören wir ja ständig Sätze wie diesen:

»Wenn du etwas wirklich willst, dann schaffst du das auch, allerdings musst du dafür auch einiges tun und dich richtig anstrengen. Ohne Fleiß kein Preis!«

Seit wir denken können, hören wir, dass wir hart arbeiten müssen, damit wir etwas erreichen und das wir dies selbst in der Hand haben, ob aus uns etwas wird oder nicht.

Schauen wir uns doch mal all die erfolgreichen Menschen an: Sie alle hatten wohl einen immens großen Willen, gepaart mit Fleiß und Disziplin, dass sie es anSCHEINend nur so geschafft haben, erfolgreich zu sein. Okay, ein paar hatten vielleicht einfach nur Glück durch zufällige Umstände, aber...

Ist das wirklich so?

Was ist mit jenen, die arbeitslos sind oder solchen, die »nur« als Verkäufer in einer Fast Food Kette arbeiten? Hatten sie zu wenig Willen und Bereitschaft oder waren einfach zu doof, um einen »ansehnlichen« Beruf zu erlernen? Die einen waren also richtig fleißig und die anderen zu faul?

Weit gefehlt...aber so was von weit!

Oft bin auch ich damals unter dem Druck des angeblich »freien Willen« zerbrochen. Ich gab mir die Schuld, wenn ich etwas nicht schaffte, schlechte Noten bekam, sich jemand von mir trennte oder ich auf die »falschen« Typen reinfiel. Immer gab ich mir selbst die Schuld! In dieser so genannten Opferhaltung verteilte ich natürlich auch gerne die Schuld an andere.

Was für ein fürchterlicher Druck! Kannst du dich daran erinnern, was das mit dir als Kind gemacht hat, als Jugendlicher und Erwachsener? Ich erinnere mich an Situationen, in denen ich verzweifelt bin – weil ich dachte, einen »freien Willen« zu haben und mir deswegen die Schuld an den Lebensumständen gab.

»Ich bin schuld!« – Das ist das größte Missverständnis, auf der unser Leben aufgebaut ist. Mehr noch: Eine Illusion!

Wir nahmen unser Leben und die Welt bisher aus dem Glauben und der Sichtweise heraus wahr, dass wir einen freien Willen hätten. Die ganze Gesellschaft ist danach ausgerichtet und aufgebaut – und genau deswegen auch zu einer krankmachenden Leistungsgesellschaft geworden.

Spätestens, wenn dich das Leben krank macht, bekommst du die Chance, den scheinbar freien Willen zu hinterfragen, weil du das erste Mal *dein* Leben und *dein* Selbst hinterfragst und erforschst. Manchmal entsteht dann ein Gefühl in dir, dass es mehr gibt als das, was du bisher zu sein glaubtest!

Auch mich erdrückte das Leben an der ein oder anderen Stelle. Immer wieder wurde ich sachte und manchmal auch brutal darauf hingewiesen, genauer hinzuschauen. Doch erst musste ich Schmerz und Ohnmacht fühlen, die der SCHEINbar freie Wille mit sich bringt.
Ich konnte nie genau sagen, worunter ich litt, es war einfach ein dauerhaftes Gefühl, irgendetwas nicht richtig zu sehen und zu verstehen. Ich empfand das »normale« Leben oft als anstrengend und mich selbst als nicht richtig präsent.

Deshalb zog es mich auch immer in die geistige Welt. Dort war es angenehmer, ich fühlte mich verstanden. Von dort, von zuhause, konnte ich mich ausruhen.

70

Alles war stimmiger. Die »andere Welt« beruhigte mich. Und ich erlebe sie auch heute noch, nur ist sie für mich keine »andere« Welt mehr, sondern die gleiche – nur in einer anderen Frequenz.

Heute weiß ich auch, dass ich nie irgendetwas aus freien Stücken tat, weder ich noch alle anderen! Alles sah zwar danach aus und war so gedacht, aber nichts geschah, weil ich oder ein anderer es so entschied. Erst, als ich endlich aufwachte aus diesem »Lebenstraum« fiel eine tonnenschwere Last von meinen Schultern.

Somit kannst du davon ausgehen, dass jetzt genau dieses geschehen sollte: Dass ich dieses Buch schrieb und ausgerechnet du es jetzt in deinen Händen hältst, du genau jetzt diese Zeilen liest!

Nehmen wir an, ich schreibe ein Buch darüber, wie man im Leben alles bekommt, wenn man es nur richtig wünscht und die passende Affirmation in die Welt hinausschreit. Es würde sich wahrscheinlich zehnmal besser verkaufen.

Doch:

1. Das kommt nicht aus mir raus und
2. ist das Bullshit.

Tut mir leid, wenn ich vielleicht deinen bisherigen Glauben ins Kippen bringe, aber das ist es echt wert, hinterfragt zu werden:

Lass dich doch mal auf eine kleine **Übung** ein:

Setze oder lege dich bequem hin.
Nun mache dir bewusst, worauf du sitzt oder liegst.

Richte deine Aufmerksamkeit auf dein Herz.
Berühre die Stelle, wo du denkst, dass es schlägt. (Lass dir Zeit!)
Dann gehe mit deinem Fokus zu deiner Atmung.

Beobachte wie der Atem kommt und wieder geht. (Lass dir Zeit!)

Beobachte deine Gedanken.
Wie sie kommen und wieder gehen. (Lass dir Zeit!)

Und nun stelle ich dir ein paar einfache, aber entscheidende Fragen:

- *Musst du irgendetwas dafür tun, dass dein Herz schlägt?*
- *Gibt es da einen Ein-und Ausschaltknopf?*
- *Was ist mit deinem Atem? Musst du irgendetwas dafür tun oder geschieht die Atmung ganz von allein?*
- *Was ist mit den Gedanken? Erzeugst du sie oder kommen sie von ganz allein und verschwinden irgendwann wieder?*
- *Dein ganzer Körper, deine Organe, dein Blut, das durch die Venen fließt – funktionieren diese nur, weil du etwas tust? Oder geschehen sie von ganz allein? Ohne dich?*
- *Erzeugst du deine Gefühle selbst oder tauchen sie in dir auf, so wie deine Gedanken?*
- *Gibt es da wirklich einen Denker? Wenn ja, wo sitzt der genau?*
- *Gibt es wirklich einen Handelnden? Oder geschehen Handlungen durch Impulse oder Ereignisse von außen und du reagierst nur jeweils darauf?*
- *Gibt es einen Entscheider in dir? Oder geschehen Entscheidungen aufgrund von Impulsen oder Geschehnissen von außen?*
- *Kann ich dies alles wirklich kontrollieren?*

Lass dies Fragen auf dich wirken. Wenn nötig, wiederhole sie.

Ich möchte dich **nicht** von etwas überzeugen. Ich möchte, dass du alles selbst überprüfst und erforschst!

Sieh dir deinen bisherigen Lebensweg an und schau nach, wie sich entscheidende Situationen ergeben haben:
Was ist damals passiert, dass es für dich neu oder anders weiterging im Leben?
Wie kam es dazu?

War da plötzlich ein Impuls, dem du gefolgt bist oder kam etwas von außen auf dich zu, dass die Entscheidung beeinflusste?
Prüfe selbst nach!
Welche Menschen sind dir begegnet?
Hast du sie bewusst gesucht und gefunden oder tauchten sie plötzlich in deinem Leben auf?

Situationen, in denen sich unser Leben durch einschneidende Ereignisse komplett verändert und neu sortiert, vergleiche ich gerne mit einer Theaterbühne: Es wird dunkel, der Vorhang fällt, das Bühnenbild wird ausgetauscht – und schon geht's weiter! Oft tauchen im nächsten Akt dann neue Figuren auf oder bekannte Figuren in neuen Gewändern. Genau das gleiche geschieht im Leben! Das Schicksal oder der »Lebensweg« bringen ein neues Bühnenbild hervor – durch Trennung, Tod, Kündigung, Umzug, Heirat, Scheidung, Auswandern, Reisen, Kinderkriegen, Mann/Frau fürs Leben finden, Verlust, Erbe – alles neue Bühnenbilder mit neuen Szenen und neuen Figuren, die in dein Leben treten. Und das soll genau so geschehen. Jede einzelne Szene ist genauso gedacht.

Nochmal zu den Fragen:
Herz, Atem, Blut, alle Organe, Gedanken und Gefühle – alles funktioniert OHNE dich! Es gibt keinen Anschalt- oder Ausschaltknopf. Vom ersten Atemzug bis zum letzten funktioniert alles ganz von allein, ohne dass du auf irgendetwas Einfluss hast.

Warum?
Erinnere dich:
Du bist nicht dein Körper! Du bist Energie, die den Körper beseelt. Dich gibt es also nicht als Person, deshalb tust du auch nie etwas. Alles passiert von allein, ganz automatisch und immer so, wie es passieren soll, da du als Person auf nichts Einfluss hast. Es sieht immer nur so aus!

Ja, es sieht so aus, als würdest du dich entscheiden.
Ja, es sieht so aus, als würdest du handeln.
Ja, es sieht so aus, als würdest du denken.

73

Und ja, es sieht so aus als würdest du atmen.

Doch wer ist dieses DU, wenn es dich als Form nicht gibt?!?!

In Wahrheit geschehen Entscheidungen, Handlungen, Denken, Atmung, Leben einfach so. OHNE DICH! Du wirst sozusagen entschieden, gehandelt, gedacht, geatmet und gelebt.

Vielleicht fragst du dich: »Und was mache ich dann?«
Nichts!

Du bist Sein.
Bewusst-Sein.

Ob du dir darüber bewusst bist oder nicht, spielt keine Rolle, außer in der Wahrnehmung. Bist du dir dessen nicht bewusst, bist du trotzdem Sein – nur in Identifikation mit dem Körper/Person. Das ist der entscheidende Unterschied. Und wir wissen mittlerweile, was die Identifikation mit den Menschen macht – es entsteht größtes Leid!

Der freie Wille, der uns Menschen gegeben wurde, ist großartig, weil er dich glauben lässt, alles selbst entscheiden zu können. Das heißt, es gibt ihn, doch du wirst innerhalb deines freien Willens immer nur so entscheiden und handeln, wie es für dich vorgesehen ist – also nur ein scheinbar freier Wille und somit eine Illusion.

Die entscheidende Frage lautet immer:
Wer ist der Entscheider?
Wer ist der Handelnde?
Gibt es ihn wirklich?
Wo sitzt er?

Wenn es mich (als Person) gar nicht gibt, werden einfach Entscheidungen **durch** mich getroffen, aber nicht **von** mir! So wie Handlungen, die **durch** mich geschehen, aber nicht *von* mir bestimmt werden. Leben geschieht, wie es geschehen soll und nicht, wie du es gerne hättest, weil es um dich als Person in diesem Spiel gar nicht geht. Du spielst die Rolle, die dir zugeteilt wurde.

Leben. Du spielst die Rolle, für die du dich entschieden hast.

Und genau hier findet die große Verwechslung statt, weil Menschen sich mit ihrer Rolle identifiziert haben – wie ein guter Schauspieler, der vergessen hat, dass er nur spielt.

Als in meinem Leben erkannt wurde, dass ich nie irgendetwas entschieden habe und auch nie die Handelnde war, war für mich die Suche abrupt beendet. Es folgte ein langanhaltender Lachanfall – das war's!

Diese Klarheit und der damit verbundene Frieden haben mich nie wieder verlassen! Einer meiner Wegbegleiter bezeichnete das als irreversiblen Frieden – und genauso ist es. Die lange, spirituelle Suche endete hier, denn das Absolute stellte sich vor jegliche Vorstellungen und Theorien, die nicht mehr wichtig und nicht mehr notwendig waren. Alles wurde durchschaut.

Mit einem Mal kamen Sätze von Jesus oder Buddha erst richtig bei mir an. Erst jetzt konnte ich sie vollends fühlen und verstehen:

»SEIN WILLE GESCHEHE, NICHT DER MEINE!« (Jesus)

»KEIN TÄTER – NUR TATEN!« (Buddha)

Diese Durchschau (er)löste mich aus sämtlichen Identifikationen. Sämtliche Rollen, Dinge verloren an Halt – etwas starb in mir. Das, was ich viele Jahre zu sein dachte, starb – was blieb, war **DAS**, was wir unter diesen Schichten **ALLE** sind: **NICHTS!** Nur das pure **SEIN**. Das **ICH BIN**.

Wenn das scheinbare Ich gestorben ist, beginnst »du« wirklich zu leben.

Im Nachhinein betrachtet ist es schon ein Irrsinn: Was tut man nicht alles, um sich (wieder) zu finden oder sich zu erinnern, wer man in Wirklichkeit ist.

Und es sucht wirklich JEDER!! Auch diejenigen, die sich nicht mit spirituellen Fragen oder dem Sinn des Lebens auseinandersetzen. Sie suchen sich dann einfach in äußerlichen Dingen wie Autos, Schmuck, Klamotten, Sport oder Körperausdruck!

Sie suchen LIEBE und haben vergessen, dass sie LIEBE sind! Siehe Instagram: Bis auf wenige Ausnahmen finden sich dort vor allem nach (Selbst-)Liebe Suchende, die durch permanentes Hungern um Anerkennung immer an sich selbst, der Selbstfindung, vorbeilaufen.

Spirituelle Sucher haben es auch nicht einfacher, weil ihnen stets suggeriert wird, sie sollten dafür etwas tun. So verfangen sie sich in Methoden und Übungen. Oft haben sie schon alles ausprobiert und ihre Vergangenheit angeschaut, bearbeitet und das innere Kind geheilt – was eine gute Arbeit ist und Vielen Erleichterung und Klarheit ins Leben bringt. Doch immer bleibt noch etwas übrig, worum man sich kümmern muss. Da ist also immer noch ein Jemand, der vermeintlich etwas tun kann und das hört nie auf, weil es immer noch mehr zu bearbeiten und verändern gibt. Der absolute Frieden ist in weiter Ferne!

Erst mit der Frage: »Wer ist dieses Ich?« beginnt der Glaube an ein eigenständiges Leben langsam zu sterben. Mitten im Sterbeprozess wird klar erkannt, dass es so etwas wie einen »Freien Willen« gar nicht geben kann! Wie denn auch, wenn es dich, mich gar nicht gibt? Das Ich ist eine Illusion, denn Leben mit sämtlichen Handlungen, Entscheidungen, Taten geschieht einfach. Und ich wiederhole mich gerne: **DAS LEBEN LEBT SICH SELBST!** Es wird somit *nicht von* uns gelebt, sondern es findet nur *durch* uns (als Instrument) statt.

Ein weiser spiritueller Lehrer hat einmal geschrieben:

»Jedes weltliche ›Muss‹ ist ein göttliches ›Will‹!«

Ein großartiger Satz, wie ich finde – mehr braucht man nicht hinzuzufügen. So ist es.

»Mein Wille geschehe« ist somit der größte »Denkfehler«! Aber nur, wenn du ihn mit deinem Ego verwechselst. Wenn du erkennst, dass »dein« Wille eigentlich *sein* Wille ist, nimmst du vieles nicht mehr persönlich. Du erkennst den freien Willen und weißt, dass er zum Spiel gehört. Dann verhältst du dich so, als gäbe es ihn. Hat man das Spiel des Lebens durchschaut, beginnt man, alles zu genießen und anzunehmen, was das Leben anbietet.

Ramesh Balsekar meinte dazu:
»Erst wenn klar erkannt wird, dass es keinen Täter, nur Taten gibt, bist du richtig frei und kannst tun, was immer du willst.«

Das Paradoxe daran: Du wirst eh nur das tun, was dir bestimmt ist oder was *sein* Wille ist. Das Leben geschieht, wie es geschehen soll – ob wir dies wissen oder nicht, spielt dabei keine Bedeutung. Bist du dir dessen aber bewusst, wird sich dein Leben befreit anfühlen und alte Glaubensmuster sich in Luft auflösen.

DAS, WAS IST, IST IMMER DAS, WAS DU WILLST.

Dieser Satz wird oft missverstanden, weil viele – gerade in negativen Situationen – denken: »Na, ich kann doch keinen Schmerz und Verlust wollen!?« Aus der Sicht einer Person sicher nicht, doch wer ist diese Person? Wenn es dich als Person nicht gibt, ist immer nur Leben, das geschieht. Das Interpretieren einer Situation findet jedoch nur in der Identifikation einer scheinbaren Person statt.

Bei genauer Betrachtung geschieht durch den freien Willen immer DAS, was sein soll. Da ist aber niemand, der den freien Willen hat! Freier Wille geschieht. **Das einzige, was dich hindert, frei zu sein, ist der Glaube an ein eigenständig handelndes und separates Ich/Selbst.** Wenn dies aber durchschaut wird, lebst »du« ein befreites Leben. Das DU in Anführungsstrichen, weil es Niemanden gibt, dem etwas geschieht – nur Leben findet statt.

»Der Mensch denkt und Gott lenkt.« – dieser altbekannte Spruch ist mir immer wieder begegnet, ob im Gottesdienst oder im Religionsunterricht. Damit konnte ich nicht viel anfangen. Ich wurde das Gefühl nicht los, dass sowohl

Pfarrer als auch Religionslehrer nicht wirklich die Wahrheit sprachen oder erkannten.

Ich finde, »*Der Mensch denkt und Gott lenkt*« wurde genauso wenig verstanden wie vieles andere, was der kirchliche Glaube übermittelte. Dieser Satz beinhaltet aber die Essenz dessen, worüber ich hier schreibe. Ob man es nun Gott oder Göttin, Bewusstsein oder Quelle nennt, ist dabei völlig unwichtig, weil es nicht um einen Namen geht, sondern um die Kraft/Energie, die dahinter steckt.

Das Missverständnis liegt jedoch auf »*Der Mensch denkt*«, weil er nicht einmal das tut. Der Mensch glaubt, zu denken, doch Gedanken geschehen genauso, wie Atmung und Hören geschehen.

Das heißt also, der Mensch glaubt, dass er denkt. So müsste es heißen: »Der Mensch wird durch Gott gedacht und gelenkt«.

Wird also absolut klar erkannt, dass

1. es dich als Person nicht gibt,
2. es keine Zeit gibt, sondern immer nur den jetzigen Augenblick,
in dem alles stattfindet, und
3. es so etwas wie einen freien Willen <u>nicht</u> gibt,

endet die Suche nach dem Selbst. Dies ist der Beginn der absoluten Hingabe und eines irreversiblen Friedens.

Was hatte ich nicht alles auf meinem spirituellen Weg ausprobiert! Als Spirit-Junkie wollte ich das Leben verstehen. Die Verbindung zur geistigen Welt half mir dabei sehr und gab mir immer wieder Hinweise. Doch das große Ende der langen Suche endete, als ich zu sterben bereit war – wohlgemerkt, ich wollte mich nicht umbringen, aber ich war bereit, ALLES aufzugeben, was ich zu sein dachte, also auch das ICH als Person Nina.

Nicht, dass ich mich als Nina nicht mochte. Da gab es Dinge, die ich an mir liebte und andere eben weniger. Aber darum ging es nicht! Vielmehr war ich nun bereit, DAS zu leben, was ich wirklich war – und das fühlte sich unsagbar groß an. Ich kann nicht mal sagen, dass ich es mir gewünscht hätte, das wäre dann wieder etwas Persönliches. Nein, größer als das: **Eine tiefe Sehnsucht das, was ich bin, zu leben. Und mit der Bereitschaft, die Person in mir sterben zu lassen, geschah eines Tages das Erkennen.** Doch es gab nichts, was ich dafür tun konnte. Die Bereitschaft und Offenbarung, die sich in mir zeigten, waren so tief, dass es nichts mit mir als Person zu tun hatte – nichts was ich willentlich herbeizaubern konnte. Das Ich erwachte aus einem Traum – das war's.

Seither sind viele Jahre vergangen und vieles hat sich verändert. Manches ging einfach weiter wie bisher, nur mit dem Unterschied eines klaren und wachen Zustandes. Das Leben mit meinem Mann, unseren Kindern, der Großfamilie, Freunden und meinem Beruf ging weiter mit allem, was das Leben zu bieten hatte. Doch ich hatte erkannt, dass weder ich noch die anderen Mitmenschen irgendetwas Eigenständiges tun. Alles geschieht. Das Leben lebt sich selbst, ohne persönliches Einwirken, weil Leben nur *durch* uns wirkt. Das ist alles.

Die große »Show des Lebens« war vorbei. Trotzdem lebte und lebt sich hier ein völlig normales Leben der Nina B. mit Gefühlen, die durch mich gefühlt werden sollen, Charakterzügen und Genen, die in mir angelegt sind.

Das Leben wird nicht sehr ernst genommen. Es wird einfach gelebt, wie es kommt. Das kann ich am besten so beschreiben: Früher war ich Schauspieler eines Films und in die Geschichte verwickelt, weil ich mich mit der Rolle der Nina identifizierte. Teilweise glaubte ich sogar, Regisseurin zu sein oder zumindest viel mitbestimmen zu können. Heute sehe ich dem Film nur zu, wie er sich selbst spielt.

Nun: Nichts von alledem brauchst du mir glauben!

Untersuche es selbst: Lass einfach vor dem Schlafengehen den Tag nochmal Revue passieren:

Was habe ich heute wirklich selbst entschieden?

Wie ergaben sich die Entscheidungen?

War da ein Impuls, der zu einer bestimmten Handlung führte oder tauchte ein Gedanke auf?

Ergab sich die Handlung durch ein Ereignis von außen und ich reagierte nur darauf?

Kann ich mit Sicherheit sagen, dass ich selbst die Situationen herbeigeführt habe?

Schau zurück: Es gab sicher hier und da entscheidende Ereignisse, die dich dazu brachten, neue Wege zu gehen. Wie hatten sich diese ergeben?

Kannst du wirklich sicher sagen, dass du dies alles selbst entschieden hast?

Wenn es in »meinem« Leben nach »mir« gegangen wäre, wäre ich heute eine erfolgreiche Sängerin. Das war sozusagen »mein« Plan. Eine Zeitlang verfolgte ich diesen auch, doch das Leben hatte etwas anders mit mir vor. Ich konnte noch so beten, wünschen, mich fokussieren – mein Weg sollte ein anderer sein.

Obwohl: Ja, ich bin eine erfolgreiche Sängerin und Gitarristin – im Treppenhaus! Und Fans, ja auch Kritiker, gibt es auch: Meine Familie! :)

»Der Mensch kann zwar tun, was er will.
Er kann aber nicht wollen, was er will.«
(Schopenhauer)

Also: Der Mensch hat einen Willen, aber er kann ihn nicht beeinflussen. Mach einfach, was immer du möchtest, doch auf das Ergebnis und dein Handeln wirst du keinen Einfluss haben!

Alles ist vorherbestimmt, Anfang wie Ende, durch Kräfte, über die wir keine Gewalt haben. Es ist vorherbestimmt für Insekt nicht anders wie für Stern. Die menschlichen Wesen, Pflanzen oder der Staub, wir alle tanzen nach einer geheimnisvollen Melodie, die ein unsichtbarer Spieler in den Fernen des Weltalls anstimmt.
(Albert Einstein)

Kapitel 9

»Der rote Faden«

Durch Albert Einstein sprach die Weisheit, die Quelle, das Göttliche, Bewusstsein. Diese Energie konnte ungehindert durch ihn fließen, weil er sich nicht in den Weg stellte, sondern geschehen ließ – worüber er allerdings keinen Einfluss hatte. Durch ihn geschah, was geschehen sollte, wie durch alle anderen Menschen natürlich auch.

Die Entdeckung der Relativitätstheorie machte Albert Einstein weltberühmt. Ohne diese wären viele weitere Entwicklungen gar nicht möglich gewesen. Viele seiner weisen Sprüche werden gerne zitiert. Ein »No-Name« aber würde sofort in der Spinnerschublade landen, wenn er behaupten würde: *»Das Leben ist vorherbestimmt!«*

Das Leben ist eine einzige Mathematikaufgabe – allerdings unlösbar. Warum? Weil es nichts zu lösen gibt, bzw. alles schon gelöst ist! Was habe ich mir den Kopf zerbrochen über Probleme und den Sinn des Lebens, bis ich eines Tages mit dem Wegfall der Person, also der Entdeckung meiner Illusion, sah, dass es nichts zu lösen gab.

Im Kino versuchst du ja auch nicht, den Inhalt des Films zu ändern, nur weil dir nicht gefällt, was du siehst. Du schaust zu, weil du weißt, dass alles schon gedreht wurde und du dir einfach entspannt die Geschichten anschauen kannst. Nichts anderes geschieht im Leben! Du gehst von einer Situation zur nächsten, während der Lebensfilm längst im Kasten ist: Der Inhalt steht fest.

Falls Du überzeugt bist, nein, du bist der Regisseur und du bestimmst den Inhalt – dann lies am besten gar nicht weiter. Ich kann das gut verstehen, denn der Gedanke, das Leben selbst zu bestimmen, reizt die meisten Menschen mehr, als sich dem Leben hinzugeben. Wenn man das Leben aber durchschaut, den Schleier gelüftet hat und sieht, dass alles nur ein Traum ist, wird dir eine Riesenlast von den Schultern genommen und du wirst es nie wieder anders sehen wollen und auch nicht mehr können! DAS ist absolute Freiheit und der irreversible Frieden, den wir in ALLEM suchen. Was für eine Gnade ist es, sehen zu dürfen, dass es so etwas wie ein separates Leben gar nicht gibt, sondern nur Leben! Du bist quasi Regisseur, Schauspieler, Drehbuchautor und Leinwand und Bühne zugleich. Du bist das Alles und gleichzeitig Nichts.

»Die Liebe sagt, Ich bin alles. Die Weisheit sagt, Ich bin nichts.
Zwischen diesen beiden fließt mein Leben.«
(Nisargadatta Maharaj)

Ich habe über die Hälfte meines Lebens gedacht, für mein Handeln verantwortlich zu sein und machte mir viel Druck, um etwas Besonderes und Erfolgreiches zu erschaffen – ach ja, und sicher sollte das Ganze natürlich auch sein.

Schließlich wird uns das seit der Kindheit verkauft – Glaubenssätze ohne Ende, auch heute noch. Ein echtes Desaster, mit welcher Bürde die Kinder heranwachsen. Kindheit darf nicht leicht sein – schon gar nicht ab dem Ernst des Lebens namens »Schule«.

Meine Kinder gehen auf eine Montessori Schule. Oft sehe ich, wie Eltern ihre Kinder nach der vierten Klasse aus dieser Schule nehmen, mit der Begründung, für die Grundschulzeit dürfen sie es noch schön haben, aber ab der fünften Klasse sollen sie wirklich was lernen, weil ja aus ihnen was werden soll. Seltsamerweise absolvieren Montessorischüler oft hervorragende Schulabschlüsse und sind meist selbstbewusste, geerdete Kinder und Jugendliche, weil sie sich in ihrer Entwicklung einfach frei entfalten durften. Ihr jeweiliges Sein wird gefördert und nicht umprogrammiert.

Doch natürlich hat auch hier jedes Kind seinen eigenen Weg zu gehen, der vor ihm liegt....

Ich selbst war auf einer normalen Regelschule und musste mich durch sämtliche Glaubenssätze der Eltern und Lehrer quälen, bis ich eines Tages die Fesseln sprengen konnte. Damit habe ich nie gehadert – zumindest nicht im Nachhinein -, weil es eben der für mich richtige Weg war.

Vor einiger Zeit beobachtete ich einen Vater, wie er mit seinem Sohn, den er für faul hielt, zu einer Brücke fuhr, unter der ein paar Obdachlose ihr Zuhause hatten. Er meinte: »Schau genau hin! Wenn du weiter so faul bist und für die Schule nichts machst, endest du hier!«

Nicht nur, dass er dem Sohn Druck machte – es war auch noch gelogen. Denn woher kannte er die Geschichten der Menschen, die dort ihren Schlafplatz hatten? Wir wissen es nicht! Wir kennen nie die Bestimmung anderer Menschen, auch nicht die unserer Kinder, Partner, Freunde oder Geschwister. Wenn der Vater sich schon die Mühe gemacht hatte, mit seinem Sohn bis zur Brücke zu fahren, hätte er den Obdachlosen wenigstens Essen oder warme Kleidung mitbringen und seinem Sohn so Nächstenliebe zeigen können. Außerdem hätte er auch das Gespräch suchen können, um sich zu vergewissern, wie diese Menschen in ihre Situation gekommen waren. Doch dazu fehlte ihm der Mut und die Geschichten hatten ihn wohl nicht interessiert.

Kein Mensch hat irgendetwas in seinem Leben falsch gemacht, weil er obdachlos ist! Genauso wenig hat ein Millionär alles richtig gemacht! Man ist auch nicht automatisch glücklicher. Wahrscheinlich hat »reich sein« für den Obdachlosen eine ganz andere Bedeutung als für den Millionär. Ich kenne Leute, die sind auf der materiellen Ebene unglaublich reich, aber auf der emotionalen Ebene verarmt. **Doch in der Durchschau ist ALLES Ausdruck des Einen, der Quelle, Gottes, des Bewusstseins, des Absoluten, nur in unterschiedlicher Form.**

Mit dem Erkennen, dass das Leben zwar eine Mathematikaufgabe ist, jedoch nicht von mir gelöst werden muss und auch nicht kann, verabschiedete sich der Selbstzweifel und der enorme Druck der Selbstverantwortung. Das scheinbare Individuum (die Welle) erkannte sich als Teil des Ganzen (Ozean) und war mit dieser Erinnerung geheilt und befreit.

Mit einem Mal wurde gesehen, dass an mir nichts verkehrt ist und niemals war! Denn, wenn das Leben determiniert ist, mit allen Wegen und Rollen, die man zu gehen und spielen hat, was soll dann bitte falsch sein? Nichts! Und mit der Durchschau, dass es mich gar nicht als Form/Person gibt, sondern nur als Bewusstsein/Energie, gibt es nie einen Jemand, der irgendetwas tut, sondern nur Bewusstsein, das durch die Form sichtbar wird und sich ausdrückt. Es gibt somit gar nichts zu lösen, weil alles von alleine geschieht und selbst das Wie und Was obliegt nicht meinem Einfluss.

Auch wenn du nicht glaubst, dass das Leben determiniert ist – egal, denn es ist, wie es ist! Das Leben ist immer spontan, immer anders und du spielst mit, in genau der Rolle, die dir auf den Leib geschneidert wurde.

Ich kann sehen, dass es so ist, denn keine einzige Szene in meinem Lebensfilm hätte ich kürzen oder verlängern, geschweige denn umgehen können. Alle Stationen haben dazu geführt, dass ich heute da stehe, wo ich jetzt in meinem Leben bin. Und ich schreibe absichtlich nicht »angekommen«, denn das werde ich nie! Menschen, die von sich behaupten, endlich angekommen zu sein, meinen vielleicht im nächsten Akt. **Im Leben gibt es nie ein Ankommen, weil es darum gar nicht geht.** Der, der ankommen möchte, existiert gar nicht!

Das Leben wird dann nicht automatisch einfacher – aber leichter wird es schon, wenn man es durchschaut hat. Leichter, weil du dir aus Schuld nichts mehr machst, weil du weißt, dass es keinen Handelnden gibt – nur Handlungen, die geschehen. Du bist das Instrument, durch das geschieht, was unvermeidbar geschehen soll.

Ich weiß, ich wiederhole mich, aber es ist wohl wichtig, dies immer und immer wieder zu hören, sonst würde sich das nicht die ganze Zeit durch mich schreiben :)

Als Reaktion auf diese Sätze höre ich oft: »Ach, dann kann ich quasi raus-
gehen und ein paar Leute umbringen, denn ich bin ja nicht Schuld?!« Meine
Antwort: »Das wirst du nicht tun, weil du so nicht programmiert bist. Wenn
das jedoch durch jemanden geschieht, ist es Teil der Geschichte und wird innerhalb dieser Story Konsequenzen mit sich ziehen wie zum Beispiel Gefängnis.
Die »Mord-Szene« hat jedoch genauso stattfinden sollen, wie sie passiert ist. Ob
Liebes-Szene oder Sterbe-Szene – es ist immer die Quelle, die sich ausdrückt,
egal was läuft.«

Das ganze Leben ist ein spannender Film, den du dir ansiehst und in dem du
Mitspieler bist. Aber du hast keinen Einfluss darauf, was und wie gespielt wird.
Dieses Erkennen hilft dir, dich selbst und andere nicht als schuldig zu sehen –
oder nur kurzfristig, bis das Spiel als solches verstanden wird.

ALLES ist Hingabe, bedingungslose Liebe, aus der automatisch Vergebung
entsteht. Es ist nichts, was wir tun, sondern etwas, das geschieht. Nicht wir
vergeben, sondern Vergebung geschieht, genauso wie Hingabe. Und in der Hin-
gabe/bedingungslosen Liebe wohnt bereits Vergebung.

In uns spielen sich lediglich Programme ab, nach denen wir funktionieren,
aber auch diese haben wir nicht in der Hand. Manche lassen sich im Lauf des
Lebens ein wenig umprogrammieren, aber auch das ist dann Teil des Ablaufs
und determiniert. **Du/Ich = das Leben, ist perfekt so wie es ist! Und zwar
immer. Auch im Unperfekten!** Nur wenige möchten das glauben, aber darin
liegt absolute Befreiung. Wenn diese Botschaft einmal durchgesickert ist und auf
fruchtbaren Boden fällt, wird das in dir etwas verändern und dein Blick auf die
Welt wird klarer.

Wenn du allerdings zu jenen gehörst, die ankommen, ihr Leben selbst kre-
ieren, vieles erreichen und ihr Schicksal in die Hand nehmen wollen, wird diese
Botschaft nicht wirklich fruchten. Dann kannst du dir diesen Sachverhalt gar
nicht vorstellen: Dass das Leben vorherbestimmt ist – auch das Schicksal, denn
ALLES IST SCHICKSAL.
Aber wie gesagt, darum geht es gar nicht, denn auch wenn du davon ausgehst,

dass das Leben determiniert ist, lebst du trotzdem, als würdest du entscheiden können – nur entspannter, weil du weißt, dass das zu dir kommt, was zu dir kommen soll. Und nicht, weil du nichts mehr tust, ganz im Gegenteil, du tust, was du vor der Erkenntnis auch schon gemacht hast – nur ohne Druck.

Auf meinen Reisen um den Globus bin ich immer wieder auf Heiler und Hellseher getroffen. Sie sind mir alle »zufällig« über den Weg gelaufen. Jeder dieser besonderen Menschen teilte mir Dinge mit, die sie niemals von mir wissen konnten, weil sie mir nie vorher begegnet waren – seien es Tatsachen aus meiner Vergangenheit oder Dinge, die noch geschehen würden. **Sie zeigten mir, wie alles zusammenspielt und »Zu-Fälle« miteinander verknüpft sind. Ein »roter Faden« zog sich durch mein Leben, dem ich nicht ausweichen konnte. Wie ein Film, der schon gedreht ist und den ich nun anschaute.**

Aber nicht nur mir, uns allen geschieht das! Menschen, die das annehmen und Leben als Illusion durchschauen, leben befreit. Dann machst du dir keine Vorstellungen mehr, wie »dein« Leben auszusehen hat und lebst ohne Erwartungen. Alles entspannt sich und du schaust dem Leben zu, wie es sich vor deinen Augen entfaltet. Wenn du als Instrument gebraucht wirst, damit sich Dinge verändern oder bewegen, lässt du dies geschehen und weißt, dass du niemals Einfluss darauf hast. Das ist Hingabe. Du gibst dich dem Leben hin – bist aber nicht parteilos oder wirst handlungsunfähig. Nein, du gehst weiter »deinen« Weg. Nicht *du* gibst dich hin – Hingabe geschieht *durch* dich.

Ein weiser Mann landete aufgrund seiner kriminellen Vergangenheit in einem Hochsicherheitsgefängnis. Viele Jahre hatte er dort Gelegenheit, über sich und das Leben nachzusinnen. Immer mehr durchschaute er sein angebliches Ich und erwachte letztendlich aus »seinem« Lebenstraum. Dies rettete sein Leben. Er erkannte, dass das Gefängnis unumgänglich war, damit er sein Leben anders sehen konnte. So sah er, dass es nicht »sein« Leben war, sondern nur *ein* Leben, dass mit ihm als Person nicht viel zu tun hatte.

In spirituellen Kreisen spricht man viel von Erleuchtung. Ich mag den Begriff nicht sonderlich, weil er oft missverstanden wird. Jemand, der von sich behauptet, erleuchtet zu sein, ist es mit Sicherheit nicht! Erleuchtung oder Erwachen hat nichts (mehr) mit einer Person zu tun. **Wenn die Illusion der Person wegfällt, wer bitte soll dann erleuchtet sein? Es gibt keinen Jemand mehr und es gibt nichts zu erreichen! Es existiert nur noch Leben, also die Quelle, Bewusstsein, Gott, das Absolute, das sich unterschiedlich ausdrückt – das war's. Ehrlich gesagt spielt es dann auch keine Rolle mehr, ob das Leben vorherbestimmt ist oder nicht.**

Erwacht findet einfach nur Leben statt. Immer spontan. Ohne ein Ich, dass es erlebt. Es geht nur um das, was ist.

Wenn das erkannt wird, hältst du dich weder mit Schuld noch mit Erfolg auf. Beides geschieht durch den Lebensfilm, hat aber nichts mit dir zu tun.

Diese Durchschau hilft dir, weder beim Erfolg abzuheben, noch aufgrund von Schuld deprimiert zu sein oder dies auf Mitmenschen zu projizieren. Ein Leben in Hingabe wird völlig unpersönlich angenommen, wie es sich zeigt. **Leben ist zu jedem Zeitpunkt perfekt wie es ist, weil du nie außerhalb des roten Fadens gehen kannst.** Auch wenn es sich manchmal anfühlt, falsch abgebogen zu sein, ist dies dennoch unmöglich, denn ALLES IST SCHICKSAL = UND DAS SCHICKSAL IST DER ROTE FADEN, DER »DICH« DURCHS LEBEN FÜHRT.

Kapitel 10

»Das Leben, das sich selbst gewählt«

Von Hermann Hesse

Eh' ich in dieses Erdenleben kam,
ward mir gezeigt, wie ich es leben würde.
Da war die Kümmernis, da war der Gram,
da war das Elend und die Leidensbürde.
Da war das Laster, das mich packen sollte,
da war der Irrtum, der gefangen nahm.
Da war der schnelle Zorn, in dem ich grollte,
da waren Hass und Hochmut, Stolz und Scham.

Doch war da auch die Freude jener Tage,
die voller Licht und schöner Träume sind,
wo Klage nicht mehr ist und nicht mehr Plage,
und überall der Quell der Gaben rinnt;
wo Liebe dem, der noch im Erdenkleid gebunden,
die Seligkeit des Losgelösten schenkt,
wo sich der Mensch, der Menschenpein entwunden,
als Auserwählter hoher Geister denkt.

Mir ward gezeigt das Schlechte und das Gute,
mir ward gezeigt die Fülle meiner Mängel,
mir ward gezeigt die Wunde, draus ich blute,
mir ward gezeigt die Helfertat der Engel.
Und als ich so mein künftig' Leben schaute,
da hört' ein Wesen ich die Frage tun:
Ob dies zu leben ich mich traute,

denn der Entscheidung Stunde schlüge nun.

Und ich ermaß noch einmal alles Schlimme -
»Dies ist das Leben, das ich leben will!«,
gab ich zur Antwort mit entschloss'ner Stimme
und nahm auf mich mein neues Schicksal still.
So ward geboren ich in diese Welt,
so war's, als ich ins neue Leben trat.
Ich klage nicht, wenn's oft mir nicht gefällt,
denn ungeboren hab' ich es bejaht.

Ein wundervolles Gedicht von Hermann Hesse, nicht wahr? Auch durch ihn drückt sich die Quelle/das Bewusstsein/das Göttliche aus. Mit »Gott« meine ich nicht jenen aus der Kirche, denn dieser ist von Menschen gemacht! Einer meiner Lehrer schrieb in seinen Büchern stets Gottt mit drei »t«, damit ihn keiner verwechsle. Wie recht er doch hatte, denn Gottt ist DAS, was wir ALLE sind!

Der kirchliche Gott sorgt für Trennung – aber da muss man auch erstmal draufkommen, wenn viele Jahre etwas anderes vorgelebt und erzählt wird. Es ist unglaublich befreiend, wenn man erkennt, dass es nur Gottt gibt.

Nicht du als Mensch hast dieses Leben gewählt – sondern Du als DAS, was du in Wirklichkeit bist. Wenn man überhaupt von Wahl sprechen kann. Eigentlich hat niemand gewählt. Da ist nur die Energie mit den drei »t«, die dich lebt...

Jetzt verstehst du vielleicht, warum es so etwas wie einen »freien Willen« gar nicht geben kann – nicht für dich und nicht für mich. Als Person wohlgemerkt, weil dies eine Illusion ist.

Das, was Hermann Hesse so wunderschön beschreibt, ist DER ROTE FADEN, der sich durch jedes Leben zieht – auch wenn es in Wirklichkeit nur EIN Leben gibt, so wie es nur einen Ozean geben kann und nicht getrennt lebende, separate Wellen mit verschiedenen »Leitfäden«.

Aus der erwachten Perspektive ist es auch nicht mehr wichtig, ob es da einen Roten Faden gibt. Manchmal taucht man zwar weiterhin hie und da in »das Leben das sich selbst gewählt« ein und spielt mit – doch man gibt dem Spiel nicht viel Bedeutung. Permanentes Wissen herrscht, dass dieses Leben Niemandem gehört.

Wir treffen nie Entscheidungen.
Wenn die Zeit reif ist, fällt die Entscheidung von selbst.
(Byron Katie)

11. Kapitel

»Von der LebensAUFGABE zur HINGABE«

Innerhalb unserer Geschichte scheint es verschiedene Aufgaben zu geben, denen wir uns stellen oder auch nicht. Manche Menschen jedoch suchen nach einer bestimmten Lebensaufgabe, ja, und dem Sinn des Lebens.

Ich war so eine Suchende, denn mein Ego bildete sich ein, eine besondere Aufgabe zu haben. Ich suchte diese Besonderheit im Beruflichen. So arbeitete ich viele Jahre in der Musik- und Filmbranche. Eine aufregende Zeit. Ein großes Abenteuer. Aber auch anstrengend und herausfordernd, denn mancher »Star« brachte mich nicht selten ans Ende meiner psychischen Kräfte. Bis ich eines Tages dieser Aufgabe für immer den Rücken kehrte.

Das Leben ließ nicht lange auf sich warten und stellte mich vor die nächste Lebensaufgabe: Ich bekam Kinder. Trotz vieler neuer Herausforderungen fühlte sich mein Leben und meine neue Aufgabe das erste Mal sinnvoll an. Parallel dazu ergab sich ein neues Berufsfeld für mich: als Seelencoach. Viele Jahre wurde ich darauf vorbereitet, Menschen im Leben und Sterben zu begleiten. Nun war ich sicher, meine wirkliche Lebensaufgabe gefunden zu haben!

Doch die Kinder wurden größer und brauchten mich immer weniger. Durch die spirituelle Entwicklung wurde erkannt, dass es NICHT darum ging, sich mit einer Aufgabe zu identifizieren und schon gar nicht darüber zu definieren.

In der Identifikation ver-suchen wir »unserem« Leben ständig eine be-

91

sondere Bedeutung zu geben. Dabei gibt es weder etwas zu gewinnen, noch zu verlieren.

Als DAS eines Tages klar gesehen werden konnte, wurde es still in mir. Ich erkannte, dass im Wort »Lebensaufgabe« schon die Antwort lag, die ich von Anfang an gesucht hatte. Plötzlich war klar, dass es darum geht, *das Leben aufzugeben, es loszulassen,* damit geschehen kann, was geschehen soll. Alle Aufgaben die du im Leben zu meistern hast, kommen von alleine zu dir, unabhängig einer Suche!

Wenn ich das Thema nun ausschmücken würde, wie du zu deiner Lebensaufgabe findest, hättest du nichts davon, außer Hoffnung und später Enttäuschung. Sofort würde sich dein Verstand daran festklammern.

Meine Antwort auf diese Frage möchte ich lieber mit einem Zitat von *Johann Wolfgang von Goethe* umschreiben:

»Der Sinn des Lebens ist das Leben selbst.«

Wie oft haben wir das schon vernommen, aber den Inhalt überhört: »Naja, ist eigentlich logisch, oder nicht?«. Dem Verstand erscheint das zu einfach. Man vergisst es, geht über ins übliche Alltagsdenken und versucht wieder, dieses und jenes zu erreichen. Das geht so weiter, bis ein tieferes Verstehen einsetzt. Dann hört die Suche nach Besserem und die damit verbundenen Enttäuschungen auf.

Warum? Weil es nichts mehr zu suchen gibt! Alles, worum es geht, ist LEBEN IM JETZT. Hier liegt die Lösung. Und eigentlich braucht es auch keine Lösung mehr, weil der Hinweis darauf reicht, WAS JETZT IST. Alles IST SCHON DA. In diesem Moment. So gibt es nichts mehr zu suchen, geschweige denn, zu verändern. **Die Gegenwärtigkeit ist der Sinn des Lebens!**

Schau hin, wo du jetzt bist und was sich zeigt. Das geht zum Beispiel mit dieser Übung:

Mach dir den gegenwärtigen Moment bewusst.

Tauche ein. Bewerte ihn nicht!
Nimm nur wahr, was ist.
Versuche nichts zu benennen!
Vielleicht sitzt du gerade in der U-Bahn oder wartest auf deinen Bus – dann nutze
diesen Moment und werde dir dessen vollkommen bewusst.
Tauche ein in die absolute Wahrnehmung – nicht in die Bewertung!

DAS ALLES passiert, während du über Dinge nachdenkst, die entweder schon waren oder noch in dein Leben kommen könnten. Doch während du mit diesen Gedanken und Situationen beschäftigt bist, die du niemals beeinflussen kannst, verpasst du immer und immer wieder den Moment, um den es geht – DAS JETZT! **Und das JETZT ist der Sinn des Lebens!**

Wenn du wissen willst, was deine Lebensaufgabe ist – gib die Suche danach auf!

Deine Aufgabe ist, einfach zu leben. Du musst nichts erreichen und nichts erfüllen! Dann übergibst du die Zügel wieder dem Leben. Doch in Wirklichkeit hattest du sie auch vorher nicht in der Hand – wie eine Marionette, die denkt, die Fäden wären dazu da, das Leben zu lenken. Du hattest nur scheinbar die Zügel in der Hand.

Es geht nicht um eine individuelle Aufgabe im Leben, es geht nur **um** das Leben. Wenn du aufhörst, nach deiner Lebensaufgabe zu suchen, geschieht nichts anderes als vorher. Das Leben schickt dich jeweils zu deinen Aufgaben. Im erwachten Zustand weißt du aber, es sind nicht »deine« Aufgaben, sondern nur Leben, das *durch* dich geschieht – mit dieser Durchschau vollkommen OHNE Erwartungen.

Die Folge dieser Sichtweise? Eine Leichtigkeit und ein Hineinentspannen ins Leben. Herrlich, nicht wahr?

Aus der Suche nach der Aufgabe wird mit der Durchschau das Leben losgelassen. Das führt direkt zur Hingabe. Du suchst nichts mehr, gibst dich vollkommen dem Leben hin, weil es so viel besser weiß, was es braucht. **DAS LEBEN HAT IMMER RECHT.** Deshalb lege dich nicht mit ihm an.

Widerstand ist zwecklos! Natürlich darf Widerstand sein – dann hat er seine Berechtigung, doch das Leben wird dich immer dahin führen, wo »du« gebraucht wirst und was *durch* dich geschehen soll.

Mit der Durchschau, gibst du also »dein« Leben auf und hörst auf, ein besserer Mensch werden zu wollen. Dadurch hört das Drama in deinem Kopf auf – der Mindfuck wird zum Schweigen gebracht, weil du all die Konzepte, Ideen, Methoden, Strategien durchschaut hast. Du gehst nicht mehr ins Drama – hältst dich an »deiner« Geschichte nicht mehr fest. Tiefer Frieden legt sich dann über alles, die künstliche Welt fällt weg. Das suchen wir oft ein Leben lang. Erst am Ende finden wir es vielleicht, weil wir beim Sterben von allem loslassen können. Ja, spätestens beim Sterben sind wir in vollkommener HINGABE.

Doch das muss nicht erst am Sterbebett geschehen! Durch meine Arbeit als Sterbeamme darf ich immer wieder erleben, wie befreit und im Frieden Menschen von dieser Welt gehen, wenn das Leben schon vorher aufgegeben wird. In dieser Hingabe kannst du **jetzt** schon leben, auch wenn es noch nicht Zeit ist zu gehen!

Dieses Buch ist eine Einladung dazu. Eine Einladung an dich! Genau darum geht es hier die ganze Zeit.

Gib dein Leben endlich auf!
Gib deine Vorstellung darüber auf, wie es sein sollte!
Gib dich als Person auf, denn du bist das NICHT!
Das ist nur ein Bild in deinem Kopf, wie du sein möchtest oder gesehen werden möchtest.
Doch das ist nur eine Vorstellung von dir, eine Illusion!

Gib den Widerstand auf zu dem, was ist! Gib den Kampf auf. Du kannst nie gewinnen, denn das Leben hat immer recht! Mach es dir leicht und stehe dem

Leben nicht im Weg. Das ist der direkte Weg in die Freiheit und in den Frieden mit dir, deinen Mitmenschen, »deinem« Leben und der Welt.

Aber Achtung:
Es geht nicht um Akzeptanz! Es geht um Hingabe! Ein entscheidender Unterschied: Das Leben zu akzeptieren, wie es ist, kommt aus dem Verstand, nicht aus der Liebe.

Hingabe bedeutet, zu erkennen, dass das Leben ein Selbstläufer ist und dich, als Person, gar nicht braucht. Es findet nur *durch* dich statt.

Im Prinzip geht es innerhalb der Geschichte um »Selbsterkenntnis«, um ein Wiedererinnern an das, was wir in Wirklichkeit sind. Als Menschen glauben wir oft, durch eine Lebensschule zu gehen – eine ohne Abschlussprüfung ;).

Du musst nichts dafür tun oder verändern. Wenn es soweit ist, findet Erkennen statt, von ganz allein. Bis dahin träumen wir alle einen Traum, den »Traum des Lebens« – mit Lebensaufgaben, Suche, Unvollkommenheit, Mangel, Erwartungen, Enttäuschungen, freiem Willen, Sinnsuche und dem Wunsch, alles selbst zu lenken. **Bis es Zeit ist aufzuwachen und aus dem Traum auszusteigen. Dann wird gesehen, dass es nur einen Geist (Bewusstsein) gibt, in dem die Welt erscheint.**

Beim Erwachen geht es nicht darum, den Mind oder die Geschichte loszuwerden. Du hörst nicht auf, eine Rolle zu spielen, du identifizierst dich nur nicht mehr damit und kannst das Leben in seiner Fülle erfahren und die Show anschauen (manchmal genießen), wie sie sich zeigt, ohne Verlangen oder Angst.

Das bedeutet definitiv weniger Leid. Was aber nicht heißt, dass du ein Leben ohne Schmerz lebst. Es ist nur kein Widerstand mehr da, denn nur der Widerstand gegen das Leben kreiert Leid. Derjenige, der stets gegen das Leben gekämpft hatte, wurde als Illusion erkannt.

Der »individuelle« Wille und der höhere Wille, sind zu jeder Zeit, während

Der Traum des Lebens läuft, immer miteinander verbunden.

Das bedeutet, egal mit welcher Lebensaufgabe ich konfrontiert bin, ob ich danach gesucht habe oder nicht, es läuft alles stets nach einer höheren Ordnung. Und nichts was mir im Leben widerfährt, hat auch nur irgendetwas mit Erfolg oder Schuld zu tun. Das Einzige was es für mich zu tun gibt, ist, mich dem Leben hinzugeben. Ich habe eh keine andere Wahl. ;)

**Ebenso wie es nichts außer dem Jetzt gibt
und nichts außer dem Allem und Jedem,
genauso gibt es nie wirklich etwas zu gewinnen,
obwohl der Anreiz des Spiels darin besteht,
uns genau dies glauben zu machen.
(Allan Watts)**

Der Bereich des Bewusstseins ist viel größer, als sich mental ermessen lässt.
Wenn du nicht länger alles glaubst, was du denkst, löst du dich vom Denken
und siehst klar, dass der Denker nicht der ist, der du bist.
(Eckhart Tolle)

Kapitel 12

Über Gedanken und Gefühle zum Sein

In meinen Seminaren wird mir oft die Frage gestellt: »*Was mache ich, wenn mich Wut, Zorn, Eifersucht, Neid oder Traurigkeit überkommen? Wie soll ich damit umgehen?*« Meist antworte ich: »Nicht anders, als wenn Freude und Ekstase auftauchen – fühle es einfach!«

Wie entstehen Gefühle? Durch Gedanken. Und wie entstehen Gedanken? **Durch** dich. Die Betonung liegt allerdings auf DURCH. Sie kommen nicht von, sondern erscheinen **in** dir. Gedanken tauchen auf durch eine momentane Situation oder Bilder, die in deinem Mind entstehen. Manchmal reicht es schon, an eine bestimme Situation zu denken und schon übermannt dich ein Gefühl. Du kannst niemals meine Gedanken und Gefühle haben und ich nicht deine, weil jeder in seiner eigenen Geschichte lebt. **Gedanken und Gefühle haben nur etwas mit »deiner« Geschichte zu tun, wie du sie lebst, sie dir erscheint und du sie entsprechend deiner Programmierung erlebst.** Wir sind sozusagen »Bioroboter«, die mit einem bestimmten Programm geboren werden und danach leben.

Du kannst nichts für dein Programm, das – meist unbewusst – in dir abläuft aufgrund deiner familiären Herkunft, Erziehung, Glauben, Konditionierung, Genen, Charakterfixierung. »Bioroboter« finde ich dafür recht passend, weil es ein unbewusster Vorgang ist.

Wenn du mehr über deine Programme erfahren möchtest, kannst du dich mit dem Enneagramm auseinandersetzen. Dort erfährst Du viel über einzelne Bestandteile des Programms, die unterbewusst ablaufen. Dieses Enneagramm zeigt dir vor allem auf, wer du NICHT bist (Infos darüber findest du zum Beispiel in »Das spirituelle Enneagramm« von Eli Jaxon-Bear).

Gedanken tauchen aus dem Nichts auf. Manche bleiben eine Zeit und nehmen einen Raum ein. Andere verschwinden und es kommt nicht zum Fühlen. Gedanken, die länger bleiben, bringen aber dazu passende Gefühle mit. Gut ist es, diese nicht wegzuschieben. Sie zeigen sich, um gefühlt zu werden – ausgefühlt, wie ich gerne sage. Erst danach wird es gut sein.

Wie geht das? Am besten, indem ihr sagt: »Herzlich Willkommen, ihr lieben Gefühle!«. Und zwar ALLE!! Klar mögen wir lieber angenehme Gefühle als unangenehme, doch wer macht sie dazu? Wer teilt sie ein in gute und schlechte? Dein Mind! Kein anderer. Egal, welche Gefühle in dir auftauchen, gib ihnen einen Raum, sich zu zeigen. Sag JA zu allem, was gefühlt werden möchte. Stelle dich allem, was sich zeigt und fühle alles, bis du feststellst, dass die Gefühle an Gewicht verlieren, leichter werden und wieder verschwinden.

Ein Gedanke ist harmlos, solange wir ihn nicht glauben. Es sind nicht unsere Gedanken, die Leiden verursachen, sondern die Tatsache, dass wir uns an diese Gedanken klammern. Ich lasse meine Gedanken nicht los – ich begegne ihnen mit Verständnis. Dann lassen sie mich los. (Byron Katie)

Gedanken und Gefühle sind ein Teil des Körper-Geist-Organismus, die in diesem individuell erscheinen. Sie haben damit zu tun, wie du programmiert bist. Du reagierst also immer nur aufgrund deiner Programmierung.

Du kannst weder etwas für deine Gedanken, noch für deine Gefühle oder deine Programmierung. **Alles läuft automatisch ab – ohne ein Ich.**

Du wirst auch deine Gedanken nicht loswerden – außer vielleicht für kurze Zeit während einer Meditation – aber ganz werden sie nie verschwinden.

Denken und Fühlen sind natürliche Funktionen, wie das Atmen.

Sie geschehen von allein...

Wenn du das verstanden hast, brauchst du nicht mehr gegen Gedanken und Gefühle zu kämpfen. Du musst gar nichts mehr mit ihnen tun, außer ihnen Raum zu geben – egal, um welche Gedanken und Gefühle es sich handelt.

Du bist NICHT deine Gefühle und deine Gedanken!

Wenn du ihnen Raum gibst, betrachtest du sie nur, fühlst sie, aber identifizierst dich nicht mehr mit ihnen. Falls doch Identifikation auftaucht, geschieht dies einfach. Doch alles, was kommt, geht wieder.

Gedanken sind wie Wolkenbilder, die aus dem Nichts auftauchen, sich verändern, später vorüberziehen und verschwinden. **Gedanken haben keine Macht, solange kein Bezugspunkt auftaucht.** Kein Ich, zu dem ein Gedanke sprechen kann. Niemand der sich gemeint fühlt!

Denke daran: DAS, was wir in Wirklichkeit sind, ist einfach nur eine Leinwand, auf der ALLES erscheint und nach einer gewissen Zeit wieder verschwindet. **Die Leinwand bleibt stets unberührt – egal was auf ihr auftaucht.** Je nach Szene zeigen sich verschiedene Darsteller mit ihren Gefühlen und Gedanken. Die Leinwand stellt sich nur zur Verfügung – als Raum. **DAS ist es, was du in Wirklichkeit bist. Ein stiller Raum, in dem alles erscheint, SEIN darf. Er hat keinerlei Anspruch auf den Inhalt. Er stellt sich einfach zur Verfügung.**

Deshalb fühlen wir uns in der Mediation oft so zuhause, weil wir DEM, was wir sind, Aufmerksamkeit schenken und ihm bewusst nahe sind. Im Alltagsbewusstsein sind wir so sehr mit unserer Rolle identifiziert, dass wir das wahre Sein gar nicht wahrnehmen. Doch es ist immer da – in jedem Augenblick.

Leider möchten viele nun auch in der Meditation irgendwo hinkommen – am besten schnurstracks in die Erleuchtung! Dieser Wunsch aber hat mit Erleuchtung nichts zu tun, sondern nur mit einem Ich, das etwas erreichen möchte.

Die Meditation, die ich meine, ist losgelöst von sämtlichem Ich-Bewusstsein. Gedanken können darin auftauchen, doch sie haften nicht, weil keine Identifikation stattfindet. Kein Bezugspunkt. Dann ist Sein im Vordergrund.

Dekartes' berühmter Ausspruch »Ich denke, also bin ich« ist aus meiner Sicht ein großer Irrtum, dem viele bis heute auf den Leim gegangen sind und der viel Leid erzeugt, denn er entspringt dem Glauben an Kontrolle. *Doch wer ist dieses Ich, das glaubt, zu denken und alles zu kontrollieren?*

Das, was du in Wirklichkeit bist, nimmt nur wahr- reines Gewahrsein!

Was geschieht, wenn nur wahrgenommen wird? Du siehst Geschehnisse, wie sie in Wirklichkeit sind, weil du ihnen keine Labels aufklebst.

Wenn wir Dinge zum ersten Mal im Leben wahrnehmen und nicht wissen, worum es sich handelt, sehen wir es vollkommen rein – ohne eine Geschichte. Babys sind darin Meister – Zen Meister, wie ich gerne sage. Sie nehmen wahr, ohne ein Label darauf zu kleben oder eine Geschichte daraus zu machen. Babys sind ohne Ich-Bewusstsein, im absolut reinen Gewahrsein. Besser: Sie *sind absolutes Gewahrsein!*

Sie machen sich noch keine Gedanken darüber, was dies oder jenes sein könnte und vergleichen es auch nicht mit Dingen, die sie schon mal gesehen haben. Sie sind tatsächlich unsere wahren Meister – immer im Jetzt. Immer im reinen Gewahrsein.

Wir konnten das alle, schließlich waren wir ja auch mal Babys. Nur haben wir das im Laufe des Lebens verlernt. Irgendwann fängt der Verstand an sich einzumischen und seine Arbeit zu tun. Dann rückt die Identifikation in den Vordergrund. Das Sein zieht sich zurück und sieht dem Spektakel nur noch zu. Doch es ist niemals ganz weg! Immer wieder mal kommt es kurz zum Vorschein – zum Beispiel bei einem Sonnenuntergang am Strand oder wenn wir Tiere beobachten. Dann sind wir völlig absichtslos und ohne Gedanken.

In tiefer Meditation, ohne Absicht, spürst du ebenso das Sein, das du bist. Du badest sozusagen darin.

Auch in der Sterbebegleitung spüren wir absichtsloses Sein. **Wenn wir mit dem Thema Tod in Berührung kommen, verlieren Geschichten an Lebendigkeit und Kraft. Sämtliche Labels werden fallengelassen. Sein erfüllt den Raum.**

Natürlich ist es sehr traurig, wenn uns geliebte Menschen verlassen, doch ich empfinde es immer wieder als großes Geschenk, diese begleiten zu dürfen. Denn DAS, was während der Begleitung übrigbleibt, ist pures Sein – GewahrSEIN. Wir nehmen wahr, was und warum wir sind. Und ein Denken darüber, wie der Moment sein sollte, rückt in den Hintergrund – Sein in den Vordergrund.

Die Gedanken werden also nicht weniger, ich höre nur auf, dies steuern zu wollen. **In der Tat: Wir steuern nichts – weder im Leben, noch im Sterben!**

Wenn ich darüber hinaus weiß, dass mein Gegenüber ebenso nichts steuert, wird es leichter, meine Mitmenschen so zu lassen, wie sie sind.

Klar gibt es auch in meinem Leben Menschen, die ich nicht abhaben kann. Das ist einfach so. Früher fühlte ich mich deswegen oft schlecht, weil man doch als Spiri, seinen Nächsten lieben soll, wie sich selbst! Ich scheiterte immer wieder daran und suchte stets den Fehler bei mir. Vermutlich, so dachte ich, liebte ich mich einfach noch nicht genug, sonst würde ich doch alle Menschen lieben und keine Unterschiede mehr machen. Und schon war ich wieder in der Spirale der Methoden gefangen. In Büchern suchte ich nach Wegen, um »besser« zu werden. Eine Never-Ending-Story, bis sich auch diese eines Tages verabschiedete. Irgendwann fiel dieser ganze Irrsinn einfach weg und hinterließ – ich würde sagen: Klarheit!

Doch eigentlich war auch diese Klarheit nur eine Nebenerscheinung. **Mit dem Wegfall der ganzen Geschichte über mein Ich blieb Nichts außer Leben! Nur dass es nicht mehr mein Leben war...**

Aus heutiger Durchschau sehe ich klar: Niemand kann etwas für seine Gedanken und Gefühle. Sie erscheinen unterschiedlich und je nach Situation, Geschichte und Programm, welches im jeweiligen Körper-Geist-Organismus abläuft. Als ich das erkannte, machte der Satz »Liebe deinen Nächsten, wie dich selbst«, erst Sinn.

Wenn es so etwas wie ein Selbst nicht gibt, bleibt nur Bewusstsein – die Essenz bedingungsloser LIEBE. Wir sind diese LIEBE! Nächstenliebe versteht sich dann von selbst, weil es in DER LIEBE keine Zwei mehr gibt, sondern nur noch Einssein. Es existieren also nicht mehrere Selbste, Geiste, Wellen, sondern nur EIN Selbst, ein Geist, ein Meer.

Ich muss also nicht jahrelang Selbstliebe praktizieren, um alle Mitmenschen lieben zu können. Oder, noch besser: Ich muss überhaupt nichts! Eine unglaubliche Erleichterung machte sich breit, als ich das erkannte.

Ich sah plötzlich, dass Niemand etwas dafürkann, was in ihm geschieht – das war's! Und da es keinen gibt, nur die Quelle (allen Seins), die sich in verschiedenen Formen zeigt, ausdrückt und spielt, stellt sich die Frage nicht mehr, wie oder warum jemand etwas Bestimmtes nur denken könne.

Heute sind mir Menschen, die vorher schon nicht mein Fall waren, nicht sympathischer – doch ich beschuldige keinen mehr für seine Gedanken und Gefühle. Alle dürfen sein, wie sie sind und das ist okay. Genauso ist es aber auch okay, sie nicht zu mögen. Mit dieser OKAYNESS, wie ich es gerne nenne, lässt sich wahrlich entspannt leben!

Was nicht heißen soll, dass ich mit allem einverstanden bin. Aber mit dem Wissen darüber, dass Niemand etwas für seine Gedanken und Gefühle kann, gibt einen eine gewisse Grund-Okayness, in der ALLES SEIN darf.

Wenn du beispielsweise unter deiner Schwiegermutter leidest, versuch doch beim nächsten Mal, sie einfach nur zu sehen – ohne Labels, ohne Geschichte. Sie spielt nur eine Rolle – und die richtig gut. Versuch, sie in ihrer Rolle zu sehen, als würdest du einen Film ansehen. Was auch immer deine Schwiegermutter von sich gibt, es läuft aufgrund ihres Programms automatisch in ihr ab. Oder, wahrer: Alles geschieht *durch* sie.

Solch eine Sicht macht die für dich »schwierigen« Menschen (Chefs, Nachbarn, wer auch immer) vielleicht nicht sympathischer, doch nun entspannt sich etwas in dir, da du nichts mehr von ihnen erwartest. Sie müssen dich nicht lieben, und auch du sie nicht. Sie sind einfach Mitspieler auf der Bühne des Lebens. Sie spielen ihre Rollen, die auf sie perfekt zugeschnitten sind, mit allen Gedanken, Gefühlen und Handlungen (wohlgemerkt, du natürlich auch). Du kannst sie (und dich) nie verändern. Du musst sie auch niemals verstehen. Lass sie einfach spielen und denke daran, das sind alles nur Erscheinungen, die auftauchen und wieder gehen. So nimmst du das Gewicht raus.

Nie hätte ich es früher für möglich gehalten, Menschen neutral zu betrachten. So sehr hatten mich Kommentare und Verhalten von gewissen Leuten verletzt. Was habe ich mir den Kopf über sie zerbrochen. Heute nehme ich nur noch Personen wahr, die jeweils ihres Programms reagieren – aber bei mir nichts mehr hinterlassen. Nur Okayness.

Es ist nur Leben, das auf der Leinwand spielt und nach einer gewissen Zeit wieder verschwindet. Erinnert euch: Ihr seid in Wirklichkeit die Leinwand und die ganze Welt, das göttliche Spiel, erscheint darauf. Das Leben ist eben nur ein Film, dem wir die ganze Zeit zusehen. Dies wird erkannt, wenn wir daraus erwachen.

Erwachen bedeutet, in allem was dir begegnet, den göttlichen Ausdruck zu sehen.

Der Verstand an sich ist nicht gestört. Er ist ein wunderbares Werkzeug. Die Störung beginnt, wenn du dein Selbst in ihm suchst und ihn fälschlicherweise für das hältst, was du bist. Dann wird er zum Ego-Verstand und übernimmt die Macht über dein ganzes Leben.
(Eckhart Tolle)

Kapitel 13

Das Ego – Freund oder Feind?

Ich weiß noch, wie mir regelmäßig Sätze um die Ohren flogen wie: »Ach Nina, du musst dir unbedingt ein dickeres Fell wachsen lassen!« oder »Du brauchst auf alle Fälle ein gesundes Ego, sonst schaut's schlecht aus!«
Ehrlich gesagt habe ich bis heute weder ein dickes Fell, noch ein gesundes Ego.

Das angeblich fehlende dicke Fell zeigte nur, wie wenig mein sensitives DA-SEIN in der leistungsorientierten Gesellschaft und meinem persönlichen Umfeld wirklich gesehen, geschweige denn anerkannt worden war. Obwohl ich von meiner Familie sehr geliebt wurde, hinterließen diese Sprüche und Glaubenssätze in meiner Kindheit ein Gefühl davon, dass mit mir etwas nicht stimmte. Ich entsprach keiner Norm, passte nirgendwo rein, weshalb ich immer wieder versuchte, mich anzupassen, bis ich eines Tages die Rebellin in mir entdeckte und anfing, vieles im Leben zu hinterfragen.

Zeit meines Lebens nahm ich Dinge anders als meine Mitmenschen wahr. Wenn beispielsweise jemand nicht die ganze Wahrheit sprach und sich nicht zeigte, konnte ich ihn oder sie dennoch durch die Maske sehen. Oft dachte ich aber zunächst, dass mit MIR etwas nicht stimme. Es brauchte Jahre der Selbsterforschung, um festzustellen, dass ich zu jedem Zeitpunkt meines Lebens völlig normal und absolut richtig war!

Ich erkannte erst später, dass die vielen Masken, die meine Mitmenschen trugen, so etwas wie dieses dicke Fell bedeuteten, um ihre Verletzlichkeit und Schwäche nicht zu zeigen. Diese Maske hielten sie fälschlicherweise für ihr gesundes Ego. Da ich die Menschen sah, wie sie wirklich waren, verwirrte es mich als Kind oft, wie sie sich dann verhielten.

Ich dachte also lange Zeit, MIR fehlte etwas, aber irgendwann erkannte ich, dass es genau das »Dicke Fell« (Ego) war, das den Menschen im Weg stand. Was für ein Irrsinn, dachte ich mir, denn mich interessierte schon immer eher DAS, was HINTER DEN MASKEN war! Ich suchte nach Wahrheit und Authentizität, also genau das Gegenteil davon.

Als ich mich später in spirituellen Kreisen bewegte, hieß es, dass so etwas wie ein Ego ungefähr das Letzte war, dass du brauchen konntest. Je Ego-loser du dich gabst, desto spiritueller galtst du. Aber auch diesen Menschen nahm ich es nicht ab. Sie waren auch nicht viel besser oder heiliger als jene, die sich mit einem »gesunden Ego« schmückten. Beides Masken. Gerade spirituelle Lehrer, die vorgeben, kein Ego mehr zu haben, sprechen direkt aus ihm. Auch wenn jemand von sich behauptet erleuchtet zu sein, spricht das Ego aus ihm, denn da ist scheinbar immer noch Jemand, der als erleuchtet gesehen werden möchte.

Viele spirituell interessierte Menschen halten sich für Ego-Befreit. Auch wieder nur eine Rolle. Innerhalb der Geschichte scheint es also ein Ego zu geben, doch für mich gab es nur Masken.

Viele Jahre später löste sich die ganze Suche in Luft auf, **als ich aus dem Traum des Lebens erwachte und erkannte, dass es MICH gar nicht gibt.** Die Suche nach einem dicken Fell, einem gesunden Ego und vielen anderen Dingen war komplett vorbei. **Ich sah, dass ich aus mir heraus nie etwas (er)schaffte! Ich konnte also weder stolz auf mich sein, etwas kreiert zu haben, noch mich schuldig fühlen, wenn ich Ziele nicht erreichte.**

Die Durchschau zeigte mir, dass *durch* mich Handlungen geschahen, ich aber nicht die Handelnde war. War ich also kein Täter – war es nicht mal MEIN

Leben, sondern nur Taten, die unpersönlich geschahen, WO war da dann bitte ein Ego???

Mir wurde klar, dass die Wahrnehmung eines Egos absolut falsch war. Es ist der Glaube an Unvollkommenheit! Deshalb sehen wir durch die Augen des Egos alles nur verzerrt und in richtigen und falschen Schubladen oder perfekt und unperfekt. Menschen mit Masken trauen sich einfach nicht, sich zu zeigen, weil sie glauben, dann unvollkommen zu sein!
Ich war also gar nicht verrückt. :)

In der dualen Welt (innerhalb der Geschichte) ist das Ego scheinbar vorhanden, hilft uns in manchen Situationen oder steht uns im Weg. Das ist wohl mit gesundem oder ungesundem Ego gemeint, aber das ist eine Fehlwahrnehmung!

Das Ego verhüllt die ganze Zeit DAS, was wir in Wirklichkeit sind – die Essenz bedingungsloser Liebe.

Diese Fehlwahrnehmung ist allerdings genauso gedacht, wie sie uns erSCHEINt. Eingetaucht in die nonduale Welt, der sogenannten Durchschau, wie ich sie nenne, ist ALLES, WAS IST stets vollkommen, richtig und perfekt! Denn es gibt nur DAS, WAS IST.

Ist das Ego nun unser Freund oder Feind? Ich würde sagen, weder-noch! Denn wenn du es durchschaut hast, dann ist diese Frage nicht mehr relevant.

Ramesh Balsekar nannte das Ego eine »göttliche Hypnose«, weil es stets vorgibt DU zu sein. Wir verwechseln uns die ganze Zeit mit ihm, bevor wir eines Tages daraus erwachen (oder nicht). Wir identifizieren uns also hauptsächlich mit dem sogenannten **denkenden Verstand**, der nichts anderes zu tun hat, als sich in »unser« Leben einzumischen.

In Wahrheit fließt jedoch einfach nur Energie durch den Körper-Geist-Organismus ohne ein Ich! Ramesh erklärte dies auch gerne anhand eines elektronischen Geräts. Egal ob, eine Kaffeemaschine, eine Lampe oder ein Toaster – alle funktionieren nur durch ein und dieselbe Energie, die durch sie fließt: Elektrizität! Wären sie ebenfalls durch ein Ego hypnotisiert, würden sie behaupten: »ICH produziere Toast! ICH mache Kaffee! ICH erzeuge Licht!« Dann wäre der Toaster vermutlich sogar eifersüchtig auf die Kaffeemaschine, weil diese öfters im Betrieb ist als er. Und das Licht wäre total eingebildet, weil es am hellsten scheint – so oder so ähnlich. Denn so verhalten sich Menschen mit ihrem denkenden Verstand.

Das komplette Gegenteil davon ist der **wirkende Geist** (oder laut Ramesh Balsekar der »arbeitende Verstand). Er kommt zum Vorschein, wenn gesehen wird, dass das Leben ohne ein Ich/Ego abläuft – voll automatisch – die ganze Zeit, ohne Einmischung! Leben findet weiter statt, die Arbeit, der Abwasch, wird weiter getan, aber ohne einen Akteur.

Der wirkende Geist ist das, was für sich selbst sorgen kann und immer aufzeigt, WAS (JETZT DRAN) IST. Ohne ein Ich/Ego, dass sich einmischt und eingreift.

Vor dem Erwachen (Durchschau) befindest du dich mehr im denkenden Verstand und schneidest dich meistens von deiner Intuition und dem Fluss des Lebens ab. Nach dem Erwachen zieht sich der denkende Verstand immer mehr zurück und der wirkende bekommt mehr Raum und Aufmerksamkeit.

Eine gewisse Identifikation mit dem Körper-Geist-Organismus und den jeweiligen Namen bleibt zum Teil bestehen, sonst würdest du dich ja in der dualen Welt in Luft auflösen. Jedoch durchschaust du jede Szene, die sich dir bietet und spielst quasi bewusst mit.

Ich reagiere also ganz normal aufgrund meiner Programmierung (mal wütend, mal freudig, mal traurig, entsprechend der Charakterfixierung) und natürlich auf meinen Namen, wenn mich jemand ruft. Ich spiele die Rolle als Nina innerhalb meiner Bestimmung. So wie du deine Rolle spielst – ebenfalls innerhalb deiner Bestimmung. Wir unterscheiden uns rein gar nicht! Wir sind von der Essenz her genau gleich. Ob mit Ego oder ohne – und ganz egal woran wir glauben. Auch der Toaster, die Kaffeemaschine und das Licht unterscheiden sich von der Energie her nicht, nur durch die Form.

Das ganze Leben ist so einfach, wenn der Mensch es durch den denkenden Verstand nicht so kompliziert machen würde. Doch dieser Traum soll so sein, damit es eines Tages zum großen Erwachen oder Erinnern kommen kann!

Du musst das Ego also nicht bekämpfen. Warum auch bekämpfen, was es nicht gibt? Es macht quasi gar keinen Sinn. Erkenne einfach, was im Vordergrund läuft: **Befindest du dich im denkenden oder im wirkenden Geist?**

Wenn dem Ich/Ego immer klarer wird, dass es nicht existiert, integriert sich diese Erkenntnis ins komplette Leben. So wird immer deutlicher, dass es in Wirklichkeit nichts zu tun gibt. Von da an wird der denkende Verstand allmählich weniger und der wirkende Geist kann ungehindert seine Arbeit tun. Dabei geschieht weiterhin das, was unter den jeweiligen Umständen zu geschehen hat. Das bedeutet, für die Gesellschaft bist du weiterhin jemand, der für sein Handeln verantwortlich ist. Das soll genauso sein. **Wenn du aber »Das Spiel des Lebens« durchschaut hast, spielst du einfach mit. Du kannst gar nicht mehr anders, als so zu tun als ob.** Du hast noch nicht mal das Bedürfnis darüber zu sprechen, es IST einfach – außer es ergibt sich, wie für mich in meinen Seminaren, durch ein Interview oder in diesem Buch.

In der Rolle als Nina, liebe ich (wie bereits vor dem Erwachen) Musik und die Filmwelt und lasse mich von beiden gerne verzaubern. Dabei ist es das Leben selbst, das die interessantesten Geschichten schreibt und dadurch den Filmemachern und Songwritern inspirierende Ideen für wundervolle Filme und Songs liefert.

Im bayerischen Fernsehen gibt es die Doku-Reihe »Lebenslinien«, die ich mir immer gerne ansehe. Dort werden ungewöhnliche Lebensgeschichten erzählt – wunderschöne, spannende, traurige, grässliche und faszinierende Schicksale, die alle miteinander verknüpft sind. Eine Szene führt zur nächsten. Figuren tauchen auf und verschwinden, wenn sie nicht mehr gebraucht werden und die Szene im Kasten ist. **Alle, die ihre Geschichte erzählen, sind überzeugt, eigenständige Egos zu sein, doch es ist immer nur Leben im wirkenden Geist, das erscheint und wieder geht.**

Besonders berührt hat mich die Geschichte eines Mannes, der keine leichte Kindheit hatte, ohne Vater aufwuchs und einige Schicksalsschläge durchleben musste. Nach der Schule fing er eine Lehre als Schreiner an. Sein Chef – für ihn wie ein Ersatzvater – erkannte seine besondere Begabung im Schnitzen und unterstütze ihn dabei, sich darüber auszudrücken. Schnitzen wurde zu seinem seelischen Ventil. Eines Nachts hatte er eine Eingebung. Am nächsten Morgen nahm er eine Motorsäge zur Hand und fing an, aus einem Stück Baumstamm eine Skulptur zu formen, so, wie er es geträumt hatte.

Im Dorf nannte man ihn einen verantwortungslosen Spinner, einen Taugenichts, der sich mehr um Landwirtschaft und Familie kümmern sollte, anstatt seltsame Skulpturen zu schnitzen.

Er aber gab nicht auf, vertraute stets seiner Intuition. Einige Jahre später wurden Galeristen auf ihn aufmerksam und er wurde auf der ganzen Welt eingeladen, um seine Kunst auszustellen. Heute ist er einer der bekanntesten Holzbildhauer und kann wunderbar davon leben und seine Familie ernähren.

Wenn wir uns eine »Lebenslinie« ansehen, wird ein Roter Faden sichtbar. Alles ergibt sich, nichts ist von dir selbst gewählt, Schicksalsschläge wie Eingebungen.

Es gibt nichts anderes als Leben selbst, im wirkenden Geist, aus dem heraus, automatisch Dinge geschehen. Innerhalb der Geschichte sind es verschiedene Egos, die glauben, selbstständig zu entscheiden, zu handeln und zu denken. In Wirklichkeit ist dies nicht von Bedeutung. Du kannst dies sehen, wenn du mal auf »dein« Leben blickst. Es ist nur eine Geschichte von vielen. Egal ob mit Ego oder ohne, so wird auch »dein« Film eines Tages im Archiv landen unter vielen anderen.

Wenn du es schaffst, aus einer höheren Perspektive auf das Leben zu blicken, siehst du, wie sich eine Situation nach der anderen ergibt. Immer ganz von allein, ohne ein Ich/Ego, weil es Dich nicht gibt – nur eine Figur, die mitspielt.

Aus dieser Perspektive, dem erwachten Sehen, ist allerdings ein Wissen darüber vorhanden und etwas sieht dem ganzen Spektakel eines Maskenballs nur zu. Mal aktiv, mal passiv.

Es gibt eine Geschichte von Gott und dem Teufel, die einen Menschen dabei beobachten, wie er in der Wüste nach der höchsten Wahrheit und der vollendeten Schönheit sucht. Beide verfolgen ihn auf seinem Weg durch die Wüste. Irgendwann findet er plötzlich beides. Da sagt Gott zum Teufel: Siehst du, jetzt hast du nichts mehr zu tun. Und der Teufel sagt: Nein, im Gegenteil – ich werde ihm helfen, das Ganze zu organisieren!

Das Leben ist der Tänzer und du bist der Tanz.
(Eckhart Tolle)

Kapitel 14

Tod und Sterben aus Sicht eines Seelenpunkers

Es erstaunt mich immer wieder, dass Tod und Sterben in unserer Gesellschaft ein Tabuthema zu sein scheint. Wie kann etwas, das UNS ALLE betrifft und uns ALLE eines Tages ereilt, nur so wenig Aufmerksamkeit bekommen?! Ich denke, das hat viel mit unserer »Schein-Gesellschaft« zu tun, in der es nur darum geht, möglichst lange erfolgreich zu sein und gut auszusehen. Was für eine Fake-Welt! Masken wollen aufrechterhalten werden, damit niemand das wahre Gesicht sieht. Das Gegenteil, von dem wir hier sprechen. Mir geht es um die nackte Wahrheit, um Authentizität, bedingungslose Liebe, um Stille und inneren Frieden. Die »Scheinwelt« lässt Tod und Sterben nicht zu, will es nicht sehen. In Wirklichkeit ist die Auseinandersetzung mit diesen existenziellen Themen aber ein absolutes Geschenk, das erlebe ich immer wieder. Denn sie nimmt dir nicht nur die Angst vor dem Tod – sie lässt dich auch intensiver und tiefer leben.

Wenn ich als Sterbeamme jemanden begleiten darf, arbeite ich nicht anders als mit Klienten, die Probleme in Beziehung oder mit der Arbeit haben. Allerdings öffnen sich Menschen, die mit dem Tod konfrontiert sind, oft viel schneller und gehen keine Kompromisse mehr ein. Viele Alltagsthemen verlieren an Bedeutung. Es geht ums Eingemachte, wie man so schön sagt. Menschen, die wissen, dass sie nicht mehr lange zu leben haben, sind schneller bereit, sich hinzugeben, weil erkannt wird, dass sie gar keine andere Wahl haben.

Doch zur Befreiung, inneren Frieden kommt es erst, wenn gesehen wird, dass sie zu überhaupt keinem Zeitpunkt eine Wahl hatten. Alles läuft nach Plan, wenn man so sagen möchte. Manche sprechen auch von einem Seelenplan – für

111

mich nichts anderes als Bestimmung!

Spätestens beim Übergang, wenn wir aus dem Kokon, dem Menschenkleid, wieder hinausschlüpfen, erkennen wir, dass das Leben genauso gedacht war. Dieses Erkennen kann aber schon vorher stattfinden, nur im Sterbeprozess ist es einfacher, weil es nichts mehr zum Festhalten gibt. Wenn dir klar wird, dass du nichts zu verlieren hast, lässt du los und gibst dich hin.

Das ist ein großartiger Moment, wenn all die Vorstellungen, die man von »seinem« Leben hatte, komplett losgelassen werden und klargesehen wird, dass da immer nur Leben war – Leben, das geschieht.

Wenn erkannt wird, dass es keine bessere oder schlechtere, sondern nur *unterschiedliche* Situationen gibt und dass Sterben nichts Schlechtes ist, findet Befreiung statt. Die Form fällt in sich zusammen – Energie fließt weiter. Es ist nicht mehr schlimm, weil gesehen wird, dass wir zu keiner Zeit im Leben die Form waren. Nie!

Dann geschieht Sterben vor dem Sterben. Die Seele befreit sich, bevor sie sich von der Hülle löst. Es gibt keine Gedanken mehr von: »Ach, wäre ich nur eher zum Arzt gegangen« oder »hätte ich mich nur früher getrennt, dann wäre ich nicht krank geworden.« Du glaubst diesen Gedanken nicht mehr. WAS IST, ist alles, worum es geht.

Das Leben hat somit immer recht, egal wie es sich zeigt!

Wenn dieser Satz zu deinem Lebensmotto geworden ist, gibt es kein Hadern mehr. Du weißt, dass es niemals anders hätte sein können. Eine Okayness legt sich über dein Gemüt über DAS, WAS IST. Du fühlst die Verbindung zur »göttlichen Ordnung«, die auch ohne dein Wissen über alles zu jeder Zeit wirkte.

Wir leiden nur, wenn unsere Überzeugungen mit dem, was ist, im Widerspruch liegen. Wenn unser Geist vollkommen klar ist, dann entspricht das, was ist, dem, was wir wollen. (Byron Katie)

Kennst Du Byron Katie und ihre wundervolle Methode »The Work«? Eines der wenigen Tools, die ich wirklich für sinnvoll halte. Ein paar simple Fragen, die dir helfen, Gedanken, die dich quälen und in deinem Kopf herumgeistern, zu hinterfragen. Egal um welche Gedanken es sich dabei handelt. Am Ende überkommt dich meist ein tiefer Frieden und die vorherigen Gedanken verlieren an Bedeutung und Kraft.

Die vier Fragen von »The Work« lauten:

1. Ist das wahr?
2. Kannst du mit absoluter Sicherheit wissen, dass das wahr ist?
3. Wie reagierst du, was passiert, wenn du diesen Gedanken glaubst?
4. Wer wärst du ohne den Gedanken?

Hier ein Beispiel: Eine Klientin erzählte mir von einem Autounfall, bei dem ihr Vater ums Leben kam. Der Unfallverursacher überlebte.

Folgender Gedanke quälte sie:

»Mein Vater hätte nicht sterben und mich verlassen dürfen.«

1. Ist das wahr?
Ist das wirklich wahr, dass dein Vater nicht sterben und dich verlassen hätte dürfen?
Werde still. Warte auf die Antwort, die aus deinem Herz kommt.

2. Kannst du mit absoluter Sicherheit wissen, dass das wahr ist?
Kannst du mit Sicherheit wissen, was das Beste für deinen Vater gewesen wäre?
Kanntest du seinen Lebensplan? Hatte er oder du Einfluss darauf?

3. Wie reagierst du, was passiert, wenn du diesen Gedanken glaubst?
Was geschieht, wenn du glaubst »Mein Vater hätte nicht sterben dürfen« und doch ist er von dir gegangen? Empfindest du Wut, Frustration oder Ohnmacht? Bringt dir der Gedanke Stress oder Frieden?
Wie behandelst du den Unfallverursacher, wenn du dem Gedanken glaubst? Wie

behandelst du deinen Vater? Wie behandelst du dich selbst?

4. Wer wärst du ohne den Gedanken? Schließe die Augen. Stell dir nun deinen Vater vor, lebendig und dir zugewandt. Sieh ihn an, ohne den Gedanken: »Er hätte nicht sterben und mich verlassen dürfen.« Wie siehst du ihn? Wie wäre dein Leben jetzt ohne diesen Gedanken?

Die Umkehrung:

Als Nächstes, kehre deine Aussage um. Die Umkehrung ermöglicht dir, das Gegenteil von dem zu erfahren, was du für wahr hältst, um die Situation anzunehmen, wie sie ist. Es geht darum, mit der Wirklichkeit in den Frieden zu kommen. Die Umkehrung hilft dir dabei:

- **Ich habe meinen Vater nicht sterben lassen.**
- **Ich habe mich selbst verlassen.**
- **Der Unfallverursacher sollte nicht sterben.**
- **Mein Vater sollte sterben.**
- **Mein Vater sollte mich verlassen.**

Am Ende bringt dieser Satz den gesuchten Frieden:
»**Ich bin bereit, meinen Vater gehen zu lassen, weil ich nie wissen kann, was das Beste für andere und für mich ist.**«

Es ist der direkte Weg zur Befreiung von Mindfuck!

Stück für Stück legst du sämtliche »Hätte-Gedanken«, Erwartungen und Labels ab, wenn durch die absolute Klarsicht erkannt wird, dass du durch diese Mechanismen den Weg zu deinem wahren Selbst versperrt hattest.

Es heißt nicht umsonst: »**DER TOD NIMMT ALLES WEG, WAS DU NICHT BIST.**«

Somit ist der Tod das Ende aller Illusionen!
Du bist nicht der Körper – oder nimmst du ihn etwa mit?

Was in eine andere Dimension weiter geht, ist BewusstSEIN – das, was du bist und immer warst.

Die alte Illusion wird spätestens beim Übergang aufgedeckt: Dich als Person gibt es nur innerhalb einer Geschichte. Diese Geschichte ist vergänglich und endet eines Tages.

Doch warum warten bis zum Tod? Willst du nicht jetzt schon wissen, wer und was du bist? Gut, wer lieber mit Masken lebt, soll dies tun. Auch okay. Doch wer es leichter haben will und im Frieden leben möchte, befreit von der weltlichen Last, der lässt endlich ALLES los. Und mit ALLES meine ich das komplette Bild von dir, deinem Leben und der Welt. Denn alles ist nur Illusion, die wir versucht haben, aufrechtzuerhalten.

Sterbende sind uns oft einen Schritt voraus. Ihnen fällt es leichter, loszulassen und sich nicht mehr zu verstecken, nichts mehr festzuhalten.

Wenn ich mit Hinterbliebenen arbeite und sie begleite, geht es ebenfalls darum, loszulassen. Aber sie müssen niemals den Menschen, der gegangen ist, loslassen. Vielmehr geht es um die Erkenntnis, dass es *sein* **LOS** war, nicht ihres, dass sie **LASSEN** dürfen. Es war seine Bestimmung. So hat jeder seine eigene Bestimmung, seinen Weg. Diesen können wir weder bei uns noch bei anderen beeinflussen, oder in die Länge ziehen. Warum? WEIL NIEMAND ZUFÄLLIG **STIRBT!**

So kann es auch für Hinterbliebene zu einer Befreiung kommen. Stück für Stück begleite ich sie durch den Trauerprozess. Aller Schmerz darf zum Ausdruck kommen, Selbstbefreiung kann kommen, keine »Hätte-Gedanken« müssen mehr übrigbleiben. Sätze wie: »Hätte ich ihn nur davon abgehalten, zu fahren!« oder »Hätte ich sie nur noch zu einer Chemotherapie überredet, dann wäre sie noch am Leben!« werden sofort durchschaut und müssen nicht weitergedacht werden. Sie lösen sich auf durch DAS, WAS IST. Übrig bleiben lediglich Erinnerungen. Sie schmerzen noch eine Weile, bis der Trauernde mit dem Fühlen dieses Schmerzes durch ist. Das gehört dazu und ist wichtig für die Verarbeitung der Trauer – innerhalb der Geschichte...

Ein Beitrag aus meinem Seelenpunker Blog:

»Gutes Leben….gutes Sterben«

Ich möchte schon sehr lange über das Sterben schreiben, weil es mir ein großes Anliegen ist, dieses Thema in unser Leben zu integrieren, und zwar mit Leichtigkeit – nicht mit Schwere. Es betrifft uns nämlich alle! Vielen fällt es sehr schwer, über den Tod und das Sterben zu sprechen und die meisten leben so, als würde es sie nichts angehen und nur andere Menschen würden diese Erde wieder verlassen. Doch eines Tages werden auch sie sich damit auseinandersetzen, ob durch den eigenen bevorstehenden Tod oder durch den Tod eines geliebten Menschen.

Ich erinnere mich, wie ich als Kind das erste Mal mit dem Tod in Berührung kam, als meine Großeltern starben. Es hatte für mich als kleines Mädchen überhaupt nichts Schweres, im Gegenteil. Was mich verwirrte, waren die besorgten und traurigen Gesichter. Trotz dem angeblichen Tod spürte ich eindeutig die Lebendigkeit meiner Großeltern. Sie zeigten sich sogar ab und an und vermittelten mir, dass es ihnen gut geht. Sie waren weder alt noch krank – sie waren reine, lebendige Energie! Für mich als kleines Kind gab es so etwas wie den Tod nicht. Hier war niemand gestorben. Das wollte allerdings keiner hören, somit behielt ich dieses kleine Geheimnis für mich. Später, als der Verstand mehr und mehr mein Leben bestimmte, ereilte auch mich die Traurigkeit, wenn jemand aus meinem engsten Kreis starb. Doch was blieb, war die Gewissheit, dass es keinen Tod gibt! Ich wusste einfach, dass es für die »Seelen« oder das »Bewusstsein« (wie auch immer man es nennen mag) ein Weitergehen gibt. Wohin, das weiß niemand so genau.

Auch jetzt noch darf ich Verstorbene wahrnehmen. Doch da ist kein jemand – keine Person. Da ist nur Energie! Eben diese Energie, die wir eigentlich sind, ohne Namen und ohne Form. Manchmal zeigen sich Verstorbene im alten »Menschenkleid«, damit man sie erkennen kann. Sie sind oft bereit, mit einem Medium zusammenzuarbeiten, um Hinterbliebenen Trost zu spenden und Antworten zu geben.

Mich hat dieses Thema »Sterben« nie losgelassen. Ich las schon als junger Mensch alles, was ich dazu in die Hände bekam. Ganz vorne dabei die von mir sehr geschätzte Elisabeth Kübler-Ross. Besonders das Buch »Interview mit Sterbenden« beeindruckte mich damals zutiefst und gleichzeitig fühlte ich mich in meinem Sehen und Fühlen bestätigt. Seither sind viele Jahre vergangen, in denen ich selbst Menschen begleiten darf, die unter anderem mit dem »Tod« in Berührung kommen und Antworten und Halt suchen.

Warum haben wir Menschen so viel Angst vor dem Sterben, sodass wir oft gar nicht darüber sprechen wollen oder können?!? Es heißt immer: »Der Tod gehört zum Leben dazu.« Doch es macht uns Angst, nicht zu wissen, wann der Zeitpunkt sein wird, wann wir diese Erde wieder verlassen werden. Fast noch mehr Angst, macht uns der Gedanke, wenn geliebte Mitmenschen von uns gehen. Doch in Wahrheit wissen wir in unserem Leben zu keinem Zeitpunkt irgendetwas und können es schon gar nicht kontrollieren! Gleichzeitig ist immer alles richtig, wie und wann etwas geschieht oder nicht. Kein Mensch stirbt einfach zufällig!

Gibt es so etwas wie »Gutes Sterben« überhaupt? Oh ja, das gibt es! Zu Hause im Kreise der Familie zu sterben oder im Hospiz mit Hilfe ausgebildeter Sterbeammen/begleitern ist ein würdevolles »nach Hause gehen« möglich. Ist es nicht wunderschön, dass uns eine Hebamme hilft, auf die Welt zu kommen und eine Sterbeamme uns begleitet, damit wir wieder gehen können!?

Mir ist aufgefallen, dass Menschen, die gerne gelebt haben und mit sich und ihren Mitmenschen im Frieden waren, auch friedvoll sterben konnten. Da ist kein großer Kampf mit dem Tod – eher ein Hinausgleiten.

Die Seelen der Menschen, die eines plötzlichen Todes sterben, werden ebenso wundervoll begleitet und schon erwartet. Nur das die meisten von uns diese Begleiter nicht sehen können.

Natürlich empfinden wir sehr viel Schmerz und Trauer, wenn ein geliebter Mensch von uns geht. Was oft bleibt, ist Ohnmacht und Verzweiflung. Es ist so wichtig diese Gefühle zuzulassen und komplett zu fühlen, egal wie lange diese andauern! Und wenn wir genau hinsehen, hinterlässt jeder Verstorbene (ob alt oder jung) ein Geschenk für die »Noch-Hiergebliebenen«. Die Menschen rücken näher zusammen und empfinden oft große Verbundenheit. Plötzlich hören Geschichten und Dramen zu wirken auf. Sie werden für eine gewisse Zeit unwichtig – eine heilige Zeit, in der die Menschen mehr eins miteinander werden und sich Frieden in ihren Herzen verbreitet.

Erst vor kurzem durfte ich von einem wichtigen Menschen »Abschied nehmen«. Wir wussten beide, dass wir uns in diesem Moment das letzte Mal sehen. Ein schmerzhaftes Gefühl. Was den Raum aber füllte, war so viel größer. Da war unendlich viel Liebe!! Und ich empfand tiefe Dankbarkeit für diesen Augenblick und die vielen früheren, die wir zusammen teilen durften.

»Feiere das Leben. Und fürchte nicht den Tod«

Wenn ich ganz klar bin, ist das, was ist, das, was ich will.
(Byron Katie)

Kapitel 15

Annehmen, was ist.

Das ist alles, worum es geht. Denn wenn ich mit der »Realität« streite, also in Widerstand gehe, kann ich nur verlieren. Dann gebe ich meinen inneren Frieden auf, kreiere Leid und begebe mich auf kürzesten Weg in die Opferrolle.

Ob du dich ärgerst, weil das Wetter schlecht ist, wo du doch eine Gartenparty schmeißen wolltest, dein Partner dir mitteilt, dass er dich wegen einer anderen verlassen wird, oder ein Mensch stirbt, der dir am Herzen liegt – Ich frage dich:

Woher willst du wissen, dass dies nicht hätte geschehen sollen?

Denn es geschieht ja doch. Ganz offensichtlich. Das Wetter ist miserabel, der Partner verlässt dich und der Tag zu sterben war für deinen Freund unvermeidlich. In der Opferrolle befindest du dich nur, solange du die Situation anders haben möchtest. Doch die Gegenwärtigkeit führt dich jedes Mal zurück zu dem WAS IST. Von hier aus kannst du immer neu starten, dich neu ausrichten und weitergehen, denn es ist, wie es ist, bzw. sein soll.

Ich habe bewusst drei völlig unterschiedliche Szenen genommen, um aufzuzeigen, dass es nichts mit der Schwere der Situation zu tun hat. Natürlich ist ein schmerzlicher Verlust heftiger als Ärger über schlechtes Wetter. Vieles muss dann erstmal gefühlt und verarbeitet werden.

Bei so einer Verarbeitung eines Verlustes gibt es immer auch die Chance, alles voll und ganz anzunehmen – und so kann schließlich Heilung geschehen.

Wenn ich das Leben annehme, wie es ist, gebe ich mich ihm gleichzeitig hin. Was nicht heißen soll, dass ich alles für gut finde! Wenn ich aber nicht mehr in Widerstand gehe und gegen den Strom schwimme, sehe ich den Dingen einfach zu, wie sie sind. Ich bin quasi Zeuge über DAS, was auftaucht und wieder geht. Ich erkenne: Nichts ist im Mangel. Alles ist vollkommen. Das Wetter, das Leben, der Tod, Du, ich, unsere Mitmenschen und auch alle Geschichten. Denn das, was wir in Wirklichkeit sind – nennen wir es diesmal Seele -, hat irgendwann zu diesem ER-LEBEN, diesem Abenteuer auf Erden, JA gesagt. ALLES ist so gedacht, wie es ist und wir haben nur vergessen, dass wir bereits zugestimmt haben. Wir können uns somit in DAS, WAS IST, hinein entspannen. Dem Leben zusehen, wie es sich entfaltet und einfach nur gespannt sein, was noch alles drin ist, in unserem Film.... :)

*

»Akzeptiere jeden Augenblick, als hättest du ihn gewählt.«
...sagte Eckhart Tolle einmal. Ein wundervoller Satz, wie ich finde. Wenn du so tust, als hättest du gewählt, gibt es kein ABER mehr. Also kein:
Aber, ich hätte es doch anders machen sollen.
Aber, wenn er nur mit mir geredet hätte.
Aber, das Wetter könnte besser sein.
Aber, mein Chef sollte mir mehr Geld geben.
Ein ABER hält uns auf und erzeugt massiven Mindfuck! Das Leben selbst hat kein ABER für uns, sondern ein SO IST ES.

Viele Leser von Eckhart Tolle oder anderen spirituellen Lehrern grübeln viel darüber nach, wie man das am besten umsetzten könnte und beschließen vielleicht: »Okay, ab jetzt akzeptiere ich alles, was in meinem Leben auftaucht!« Das funktioniert aber nur eine Weile. Denn wieder wird versucht, alles mit dem Kopf zu steuern und zu kontrollieren.

So funktioniert das aber nicht. Denn was geschieht, wenn du dein Leben kontrollieren möchtest? Du fühlst es nicht und hörst nur das Geplapper in deinem Kopf! Du kommst in Stress, wenn etwas nicht nach deinen Vorstellungen läuft. Dann fällt dir vielleicht ein: »Mist, ich muss ja akzeptieren, was ist!«, und du versuchst wieder, die Situation zwanghaft anzunehmen. Doch innerlich fühlst du ganz anders. Dann kämpft der Kopf mit dem Bauch – und das bedeutet Chaos und wieder Mindfuck.

An diesem Punkt stehen viele spirituelle Sucher. Sie verstehen jede Menge über das Leben, haben viele Bücher gelesen und Vorträge gehört. Viele flüchten darüber hinaus täglich in ihre Meditationen. Doch wenn das Buch gelesen, der Vortag gehört und die Meditation beendet wurde, meldet sich der schnöde Alltag wieder und alles ist beim Alten.

Meiner Ansicht nach wird dieses Akzeptieren oft falsch verstanden: Das Leben anzunehmen, wie es sich zeigt, ist keine Kopfentscheidung! Es ist eine Haltung. Besser noch: Eine Hingabe. Du kannst dann gar nicht mehr anders, als so durchs Leben zu gehen.

Mit den Worten »...*als hättest du den Augenblick gewählt*« gibt Eckhart Tolle eine kleine Hilfestellung für dieses Annehmen. Für mich allerdings ist der Satz: »...*als wäre es für dich gewählt worden*« noch stimmiger! Denn Fakt ist, dass es so im »Drehbuch« steht und du es zu spielen hast. **Auch wenn dir etwas im Weg steht – ist es DEIN Weg!** Du kommst gar nicht aus. Und wenn doch, dann steht DAS im Drehbuch. :)

Als sich in meinem Leben das WACH SEIN, die Durchschau, einstellte, konnte ich nicht mehr anders, als die Welt so zu sehen. Ohne Einschränkung. Also nicht nur in bestimmten Situationen, sondern in jeden Augenblick. Die Welt ist immer neu und frisch, alles befindet sich ständig im Wandel. Und in jedem Moment, sei er noch so düster, gibt es diese Hingabe ans Leben. Leben, das sich nie täuscht, das sich einfach nur lebt.

Wir leben in einer dualen Welt. Das heißt, es gibt immer zwei Seiten: Gut und Böse, Schwarz und Weiß, Liebe und Hass, Licht und Schatten, Sonne und Mond, Ebbe und Flut. Ohne das eine kann das andere nicht erfahren werden. Wer macht aber diese Erfahrung? Es scheint der Mensch zu sein. Doch es ist einfach nur Bewusstsein, das sich als Mensch verkleidet. So gut, dass wir es vergessen haben.

Manchmal aber findet sich Bewusstsein wieder und im Menschsein taucht eine Art Erinnerung auf. Das nennen wir dann Erwachen oder Erleuchtung.

Das ist der Moment, in dem du den Satz von Eckhart Tolle nicht nur verstehst, sondern auch leben kannst:

»Akzeptiere jeden Augenblick, als hättest du ihn gewählt«. **Wohlgemerkt – er sagte »hättest« und nicht »gewählt hast«!** Das ist der feine, aber entscheidende Unterschied. Du als Mensch hast überhaupt nichts gewählt! Noch nie. Und wirst es auch nie tun. Nur scheinbar in diesem Traum des Lebens.

Vor einiger Zeit hatten wir in kleiner Runde im Restaurant eines Freundes einen Tisch reserviert und freuten uns schon, ihn wieder zu sehen. Nun saßen wir da, wählten Wein und Essen aus und warteten auf ihn. Sicher würde er gleich aus der Küche kommen und uns begrüßen. Doch er kam nicht. Erst am nächsten Tag erfuhren wir, dass er sein Leben beendet hatte. Er würde nie wieder kommen. Wir alle waren sprachlos und unfassbar traurig.

In einer späteren Rückschau konnte ich klar erkennen, dass unser Freund sein Leben nicht vorzeitig beendet hatte, sondern dass es für ihn Zeit war zu gehen.

Diese Geschichte ist eine von vielen. Ständig passieren Unfälle, Suizid, Herzstillstand aus heiterem Himmel, Krebstod und vieles andere. Solche Geschichten verbinden uns, weil jeder schon mal davon betroffen war. In solchen Momenten spüren wir Menschsein. Begrenzt sein. Ja, wir bewohnen diesen Körper nur für eine gewisse Zeit. Wir haben ihn ausgeliehen, um Begrenzung zu erfahren. Bewusstsein – das, was wir eigentlich sind, unendliche Energie – kann sich nur so erfahren!

Unser alter Freund fühlte sich zu Lebzeiten in seinem Kostüm sehr beengt. Es wurde für ihn zu klein und er wollte dahin zurückkehren, wo er eigentlich zu Hause war. Wir, die zurückblieben, fühlten einfach Schmerz und unfassbare Traurigkeit. In so einem Moment bleibt dir gar nichts anderes übrig als anzunehmen, wie es ist. Dann ist es am besten, jedes einzelne Gefühl zu fühlen – »auszufühlen« – bis es leichter wird.

Viele können den Ausspruch »...als hättest du es gewählt« schwer akzeptieren. Auch meine abgeänderte Version »...als wäre er für dich gewählt worden« tröstet in so einer Trauer nicht wirklich.

Aber vielleicht gelingt es dir eines Tages, dies aus der Sicht der Seele zu sehen, die das Menschkleid abgestreift hat, oder aus der Sicht der Ganzheit, der göttlichen Ordnung. Von hier aus besteht die Möglichkeit der Annahme und somit der Heilung.

Fakt ist, dass die Rolle unseres Freundes ausgespielt war. Er hatte keinen Text mehr und durfte von der Bühne gehen. An das Stück würden wir uns allerdings lange erinnern. Bis es eines Tages für uns soweit ist und der Vorhang fällt. Manchmal leben wir, als wäre das in weiter Ferne – doch wer weiß das schon?

Wenn ich Menschen beobachte, die in der zweiten Pubertät stecken (und da gibt es nicht wenige!), kann man sehen, wie sehr sie vergessen haben, worum es eigentlich in diesem Stück geht! Und das ist in Ordnung, absolut. Nur wird das große Erwachen dann eines Tages vermutlich heftiger sein.

Zweite Pubertät – damit meine ich Erwachsene, die sich nach wie vor über Äußerlichkeiten definieren, sich selbst verarschen und so in ihrer Geschichte stecken. Sie packen unbewusst weitere Schichten über ihr eigentliches Sein und spüren so gut wie nichts, außer einen permanenten Mangel, der immer wieder aufploppt und anschließend schnell befriedigt werden muss. Sie vergleichen sich mit anderen, versuchen besonders zu sein und verspüren dadurch eine permanente Unruhe. Sie bleiben an der gewohnten Oberfläche und in ihrer Komfortzone. Ein Annehmen von dem, was ist, halten sie für pure Zeitverschwendung und für vollkommen unproduktiv. Schließlich wollen sie im Leben ja was erreichen.

Jedoch: Wenn wir nichts mitnehmen können, wohin wir einmal alle gehen – weshalb sollten dann solch äußerlichen Dinge wichtig sein? Wenn du alles schon zu Lebzeiten loslassen kannst und dein Selbstbild in Frage stellst, kannst du ein wunderbar freies und unbeschwertes Leben führen.

Jeder wird sich später einmal anders an dich erinnern, wenn du diese Welt verlassen hast. Und spätestens dann, wenn Bewusstsein diesen Körper-Geist-Organismus wieder verlassen hat, wird es dir auch sowas von egal sein, was wer und wie über dich gedacht hat. Doch ich werde nicht müde, dich nochmals daran zu erinnern: Es gibt dich nur als Rolle innerhalb einer Geschichte/eines Traums.

An diesen Traum zu glauben, kann anstrengend sein und eine große Belastung. Zur Last wurde es auch für unseren Freund. Nichts und niemand hätte ihn daran hindern können, »freiwillig« aus dem Leben zu gehen. Aus der Sicht einer höheren Ebene macht es aber keinen Unterschied, WIE jemand den Körper verlässt, ob durch Suizid, Krebs, einen Unfall oder Mord. So hart es klingt, aber die Rolle ist dann einfach zu Ende gespielt. Dabei kommt es im »Drehbuch« nicht auf das Alter an oder bessere oder schlechter Rollen. Alles ist Leben, ohne Wertung.

Wie es Hinterbliebenen damit geht, ist natürlich eine andere Sache. Der Schmerz sitzt oft tief, weil sie mit der Geschichte verhaftet sind. Außer es geschieht ein Perspektivenwechsel, eine Durchschau, in der es dann keine Schuld und Wertung mehr gibt, nur noch bedingungslose Liebe, verkleidet als Leben im ständigen Wandel.

Die Durchschau ist es, die Eckhart Tolle beschreibt, wenn er sagt: »Akzeptiere jeden Augenblick, als hättest du ihn gewählt.« Dann läuft nichts mehr verkehrt und jede Szene wird nur einfach gespielt. Und das Leben ist dann eine Aneinanderreihung verschiedener Ereignisse, die genauso gedacht sind, wie sie geschehen.

Statt das Leben ständig zu bewerten und analysieren, nehme an, was ist. Dadurch fügst du dich bewusst in eine höhere Ordnung ein.

Erinnere dich...

- Es gibt nichts zu erreichen. Nur der Verstand möchte ständig auf den fahrenden Zug »Was kann ich tun?« aufspringen.

- Du kannst nie wo anders sein, als dort, wo du jetzt im Leben bist. Soll sich von hier aus etwas verändern, wird es geschehen.

- Vergiss den Glaubenssatz, dass du »dein« Leben auf die Reihe kriegen musst. Nichts musst du, alles geschieht und zwar ganz von alleine. Das Leben ist eine Aneinanderreihung von Ereignissen, ErSCHEINungen. Es füllt und lebt sich immer von selbst.

- Glück bedeutet nicht, dass der Fluss des Lebens in eine bestimmte Richtung fließt. Der Fluss des Lebens tut, was er tut. Die Freiheit und der Frieden liegen darin, es nicht persönlich zu nehmen.

- Immer, wenn du versuchst, dein Leben zu planen, ist Leiden die Folge. Was auch immer geschieht, geschieht. Du kannst das Leben nicht planen. Es ist, wie es ist – das ist die absolute Freiheit.

- Wenn das Ich/die Person sich »auflöst«, wird gesehen, dass alles schon immer ein Akt der Liebe ist. Liebe, die sich manifestiert im Jetzt. Das Leben ist eine einzige Liebesgeschichte.

- Verliebe dich in die Einfachheit, in das schlichte und gewöhnliche Leben und du wirst finden, was du oft in anderen Dingen gesucht hast – Freiheit und Frieden.

- Alles darf genauso sein, wie es ist.

Nachwort

Lieber Leser,

in diesem Buch gibt es bewusst nicht viele Übungen. Wenn dein Verstand aber eine Überprüfung braucht, dann schaue in Kapitel 8 »Der freie Wille« vorbei. Hier findest du eine kleine Übung, die du immer wieder anwenden kannst. Solange, bis auch diese wegfällt, weil sie nicht mehr gebraucht wird…

Es war mir eine Ehre, mit dir ein Stück zusammen zu gehen. Danke dafür!

Wenn du Lust hast, alles etwas zu vertiefen, dann lade ich dich herzlich ein zu einem Einzelcoaching oder zur Seelenpunker Session (Tagesseminar).

Anmeldungen und alle weiteren Infos, wie auch Zugang zu meinem inspirierenden Seelenpunker Blog & Podcast erhältst du auf meiner Website:

www.seelenpunker.de

Ich freue mich auf Dich….

Von Herzen, alles Liebe!

Nina

Danke, Werner!

Mehr Literatur aus der Edition Auszeit

104 Seiten | € 13,95 [D]
ISBN 978-3-948537-08-1
www.alleswirdgut-buch.de

252 Seiten | € 14,99 [D]
ISBN 978-3-948537-13-5
www.auszeit-webshop.de

Mehr Literatur aus der Edition Auszeit

440 Seiten | € 22,– [D]
ISBN 978-3-948537-09-8
www.auszeit-webshop.de

556 Seiten | € 19,99 [D]
ISBN 978-3-948537-17-3
www.auszeit-webshop.de